理解
·
现实
·
困惑

轻度
PSYCHOLOGY

国家社会科学基金"十二五"规划教育学青年课题
（课题批准号：CBA130123）主要成果之一

Conflicts
& Growth

夹缝中的孩子

在父母冲突中生长

邓林园 / 著

中国纺织出版社有限公司　国家一级出版社
全国百佳图书出版单位

内 容 提 要

冲突是离婚这一复杂动态过程中重要的影响变量，它在离婚之前就存在，并持续到离婚数年之后。在这个过程中，相看两生厌的夫妻，要不要为了孩子维持婚姻？在家庭冲突影响下，孩子会受到怎样的长期影响？在充满矛盾的家庭环境中，孩子是否还能找到积极成长的空间？本书作者基于大量问卷调查、个案咨询，在大学生群体中遴选了十余个典型案例，寻找夫妻冲突对孩子身心成长的影响机制，通过案例解读、理论解析与实证数据，为冲突家庭提供可能的干预方案。

图书在版编目（CIP）数据

夹缝中的孩子：在父母冲突中生长 / 邓林园著 .-- 北京：中国纺织出版社有限公司，2022.8
ISBN 978-7-5180-9082-2

Ⅰ.①夹⋯　Ⅱ.①邓⋯　Ⅲ.①婚姻—家庭关系—研究　Ⅳ.①C913.13

中国版本图书馆CIP 数据核字（2021）第224398 号

责任编辑：关雪菁　刘宇飞　　责任校对：高　涵
责任印制：何　建

中国纺织出版社有限公司出版发行
地址：北京市朝阳区百子湾东里 A407 号楼　邮政编码：100124
销售电话：010—67004422　传真：010—87155801
http://www.c-textilep.com
中国纺织出版社天猫旗舰店
官方微博 http://weibo.com/2119887771
北京华联印刷有限公司印刷　各地新华书店经销
2022 年 8 月第 1 版第 1 次印刷
开本：787×1092　1/16　印张：13.75
字数：145 千字　定价：58.00 元

凡购本书，如有缺页、倒页、脱页，由本社图书营销中心调换

推荐序1

解决孩子问题，从改善父母关系开始

文 / 方晓义

北京师范大学心理学部教授，博士生导师
教育部长江学者特聘教授

看着眼前的书稿，我瞬间就被书名《夹缝中的孩子：在父母冲突中生长》深深地吸引住了，有一种一睹为快的冲动。随着阅读的深入，一个个耳熟能详的概念和活生生的案例跃入眼帘，我的眼前也浮现出了很多曾经走进家庭治疗室的孩子及其家庭。是的，有太多的孩子正处于本书描绘的状况中：在父母冲突的夹缝中艰难地生长！他们被毫无保护地暴露于父母冲突之下，目睹本该有爱的父母相互指责，无情谩骂，甚至拳打脚踢；无意或有意地被父母卷入冲突中，成为父母冲突的调停者和裁判，承担着很多他们这个年龄本不该承担的责任……他们的心灵备受父母冲突的煎熬，他们很想帮助父母，让自己有一个温馨和谐的家，但却无能为力，日复一日地重复着同样的生活和故事。

家庭治疗理论告诉我们，孩子的问题往往植根于父母关系。在解决孩子的问题时，如果能通过改善父母的关系达到改善孩子问题的目的，不仅会起到事半功倍的效果，而且可以让效果维持更长的时间。虽然目前已经有很多家庭教育方面的书籍，但据我所知，还从来没有人专门围绕"父母冲突如何影响儿童青少年发展"这一主题来展开讨论。本书系统地阐释了家庭的三个亚系统：夫妻关系、亲子关系及其与儿童青少年发展之间的复杂关系，很好地体现了理论与实践的结合、案例与研究的结合、研究与建议的结合，不仅使每个理论观点变得更加鲜活和易懂，也使每个案例、每个建议都有理论和研究做支撑，使理论与实践、研究与应用相得益彰。本书既是一本学术著作，有全面的理论解读，有丰富的实证数据支撑，有严谨的逻辑；又像一本案例集，每一个案例都是我们身边的故事，作者对其进行的深入剖析发人深省；同时它还是一本可读性和实用性很强的科普读物，深入浅出地阐释了很多家庭治疗的原理，并指引家长如何更好地处理家庭关系，尤其是夫妻之间的矛盾和冲突！我相信这本书可以为这类家庭带来有益的启示。

我很高兴看到弟子邓林园博士在本书中所做的这些努力，她在研究和应用方面的多年努力变成了可见的成果，我打心底里为她感到高兴！

于北师大后主楼

2021 年 7 月 7 日

推荐序 2

婚姻不易，直面冲突

文 / 蔺秀云
北京师范大学心理学部教授，博士生导师
教育部青年长江学者特聘教授

作为邓林园的师姐、同门、同窗、挚友，我能见证她的新书《夹缝中的孩子：在父母冲突中生长》问世，打心底里为她欢呼雀跃。

基于多年从事家庭治疗方面的研究和实践，我能深刻地感受到父母冲突给孩子成长带来的伤害，对这一主题来说，再多的关注都不过分。近 30 年来，随着中国离婚率的不断攀升，无论是研究领域还是社会媒体都在关注离婚对孩子的影响。在这一主题中，人们常常存在两个误区：其一，大家以为是离婚本身对孩子造成了不良影响，其二，大家以为发生冲突时不让孩子看到就不会影响孩子。

针对其一，很多父母也是以"为了孩子好"为出发点，勉强留在痛苦的婚姻中，吵着、闹着、挣扎着、痛苦着。然而，大家都忽略了一个事实：离婚不是一个事件，而是一个过程。对孩子伤害最大的不是那一张离婚证书，而是纠结"离"还是"不离"的过程。更糟糕的是，在这个过程中，孩子往往都不是旁观者，而是那个主动或被动卷入父母冲突漩涡的受害者。

针对其二，虽然父母之间的直接冲突、争吵没有当着孩子的面发生，但是父母还是经常会出现冷战、拆台，甚至相互贬斥等行为，这直接影响整个家庭的氛围，又间接影响父母与孩子的互动，继而影响孩子的安全感，对孩子的健康发展产生不良影响。

邓林园的这本书就像是一场及时雨，给这些困扰其中的父母送来了详尽的理论、可信的数据、鲜活的案例和专业的建议。这本书能够让父母们意识到，原来父母冲突可能比离婚对孩子的伤害更大，原来父母冲突可能给孩子的身心发展带来许多不良影响，原来父母口口声声喊着的"为了孩子不离婚"只是自己不想面对婚姻问题的挡箭牌。

不仅如此，本书还将理论、研究和案例有机结合起来，可以让更多读者群体受益：本书既适合心理学或家庭研究者阅读，研究者可以系统全面地了解父母冲突对儿童青少年身心发展的影响及作用机制；也适用于家庭治疗的实践工作者，可以给咨询治疗实践提供更多理论和研究证据的支撑，从而使治疗师更加坚定自己的方向；本书也可以让普通父母，尤其是在婚姻关系中困扰不已的父母受益，生动的案例配上专业的解读，即使是没有专业背景的父母也很容易理解，同时这些内容还能引发父母更多的自我反思和成长。作为一个心理学研究者，一个家庭治疗实践工作者，一个小学生的妈妈，我在读这本书的过程中，都能感觉到满满的收获，相信其他父母也能从中受益。

作为一个婚姻的经历者，我想对所有父母说，婚姻不易，要想在婚姻关系中完全没有冲突那也是乌托邦式的想象。婚姻是 0.5+0.5=1，而不是 1+1=2，所以冲突在所难免。幸福的家庭之所以幸福，不是因为冲突少，而是因为能很好地应对冲突，当冲突来了，家庭成员就尝试去解决它。很多时候，冲突源自对对方回应自己的能力给予过高的期待，在对方无法回应自己的时候，人类自身的内在防御机制让夫妻产生了"负性读心术"。

我也想对孩子说，当你们目睹父母之间的冲突时，不要过度紧张，抛开父母的身份，他们也是普通人，也会有自己的需求，有自己的压力及情绪管理的问题。当父母发生冲突的时候，你们要先保护好自己，并保持与父母冲突的分化，避免卷入父母的冲突中或者试图帮父母解决冲突，甚至想成为父母的情绪性支持工具。你们好了，父母也会慢慢好的。

作为一个心理学研究者和家庭治疗实践工作者，林园的书里分享了很多效果显著的父母冲突干预方案，介绍了父母冲突如何影响儿童及青少年发展相关的理论假说，这也开拓了我的研究思路，对我的家庭治疗实践有很多启迪。希望更多的专业工作者和父母朋友们有机会读读这本书，真的可以让您受益匪浅！

于北师大后主楼

2021 年 7 月 9 日

作者序

『看见』冲突与生长

研究的缘起

关于为什么要写这本书，可能还得从 10 年前，我与刚从美国访学回来的侯娟师妹的一次聊天说起。那时我已经开始做家庭治疗，并且在咨询中发现很多来访的家庭可能因为孩子网络成瘾或者不能上学等问题走进咨询室，但在咨询过程中我慢慢发现，这些问题的根源竟是父母关系出了问题。不仅如此，家庭治疗专业书籍中的很多经典案例都发现，孩子的问题跟夫妻冲突总是有千丝万缕的联系，甚至有很多家庭治疗的书籍都是用整本书讲述一个完整的案例，虽然不同的案例中孩子表现的问题不同，但问题解决的密钥都是父母关系的改善。现在市面上有很多家庭教育的书籍，但大多聚焦于如何处理亲子关系的问题并提升父母的教育效能。我觉得很多书的操作性都很强，但可能在真正应用的时候，会遇到一个困境，就是心有余而力不足——很多父母会说，我知道这个时候应该怎么说，怎么做，但是我做不到！究其原因，其实只是因为我们忽略了一点，即父母扮演的不只是父母的角色，我们首先是一个独立的个体，其次是丈夫或者妻子的角色。比如，一个天天跟酗酒的丈夫吵架生气的妻子，在面对总在学校闯祸的儿子时，就很难心平气和地去耐心倾听孩子讲述他在学校闯祸的原因和经历，甚至会将对丈夫的怒气宣泄到不听话的儿子身上。有人说最好的家庭关系就是"爸爸爱妈妈，妈妈爱孩子"，这其实就是在讲，要有和谐、有爱的亲子关系，首先要处理好夫妻关系。

现实中出现的问题

随着时代的变迁，我国的离婚率也不断飙升。同时，广大父母也越来越注重家庭教育。然而，无论是学者还是家长，都更关注离婚对孩子的影响，所以才会有高考后的"离婚潮"，才会有为了孩子委曲求全的父母。可谁曾想到，父母的婚姻于孩子而言，远不只是有没有那一张结婚还是离婚证书那么简单，更重要的是在积年累月的夫妻相处过程中，父母是否给孩子树立了正面榜样，示范了如何与人相处，又如何处理冲突；父母之间的相处是否给孩子营造了一种轻松、温暖的氛围，让孩子感到安全和安宁；当父母之间出现分歧的时候，是否考虑到孩子的感受，尽量不在孩子面前发生激烈的争吵，也不要将孩子卷入夫妻冲突的漩涡。

在研究过程中的"看见"

从 20 世纪 80 年代末起，美国开始有研究者关注"父母冲突"这个话题，但是在中国，这个研究领域的学者并不多。我于 2013 年申请到国家社会科学基金"十二五"规划教育学青年课题（课题批准号：CBA130123）——"父母婚姻冲突对大学生人际冲突的影响及作用机制"。虽然这个课题的研究对象是大学生，但后来我们将研究对象进行了适度拓展，把处于中学阶段的青少年也纳入进来。在这将近 10 年的时间里，有几千名中学生和大学生参与了我们的问卷调查，有数十名大学生参与了我们的访谈，分享了他们在父母冲突中挣扎或者蜕变的经历，这些都成为了我们的研究素材。当然，素材中还包括我的咨询案例，在征得来访者的许可后，我也把他们的故事写进了书里。

希望惠及更多人的初心

其实对于这本书的定位，我一开始的目标只是完成一本学术著作，但写着写着，我觉得有必要让更多家长朋友们看到这本书，慢慢地，我的写作目标变成了完成一本普通大众能看得懂的学术著作，以及一本有专业性的大众读物，于是我一直在专业性和可读性之间寻找一种平衡。最终我把一些纯学术的内容直接放到了附录里（如父母冲突的研究方法），在正文则通过夹叙夹议的方式，引入一个个经典的案例，结合相关的理论和实证数据去剖析案例，让内容更加丰厚、更有可读性，也让读到这本书的读者朋友们能真正从中收获知识和方法，有信心且能应用这些方法去改变自己、改变家庭。此外，我还将一些我认为可能对读者有启发但在正文中没有用到的案例，以及一些特别有代表性的干预方案都放到了最后一章，供对这部分有兴趣的读者阅读。既然那么多研究都发现父母冲突给子女成长造成不良影响，我们就不能只是不断揭开伤疤，而不去帮助伤口愈合。因此，在本书大部分章节中，我们除了剖析案例之外，也会提出针对性的建议，并且在本书的第7章，我们还对父母冲突干预的方案及效果进行了梳理和详细介绍。我期待这本书能给曾经因为夫妻冲突给孩子造成伤害的父母，或在父母冲突中深受其害的孩子都带去一线曙光，让他们看到希望，找到改变的方向。

致谢

这本书稿总算是告一段落，但对这个领域的研究来说，这还只是一个开始。我希望在未来可以继续做一些接地气的家庭领域的研究，在做好一个学者的同时，也让万千父母从我们的研究中受益！

我要特别感谢在这本书完成的过程中给过我帮助的人！

首先，我要特别特别感谢这些默默为我们的研究作出贡献的被试和来访者！你们的经历不仅让我的研究更加丰厚，更触动我不断反思我的人生、我的角色，让我有更强的动力，去用心经营我的婚姻，给我的两个孩子营造更温暖的成长氛围。

其次，我也要感谢所有参与书稿资料收集和部分章节撰写的研究生：几年前毕业的伍明明、郭瑛、张馨月、孔荣、许睿这几位学生在数据收集的过程中付出了很多努力，辛翔宇、王月皎这两位学生在梳理父母冲突的研究方面帮了我很多，杨梦茜同学帮我一起整理了过往关于父母冲突对孩子的影响的相关理论，刚毕业的高诗晴同学，以及仍然在读的刘晓彤、朱亚琳、杨雨萌同学在最后整书统稿、修改和润色的过程中付出了很多很多。感谢我每一位亲爱的学生！

最后，我还要感谢我的导师方晓义教授和师姐蔺秀云教授，他们一直鼓励我、支持我顺利完成这个课题，鼓励我将课题成果整理成书稿，还在百忙之中花时间读完书稿，为我的书稿写序！对此，我倍感荣幸！

邓林园

2021 年 7 月

声明：本书案例为保护主人公隐私，均对人名做了刻意变更，若与你的经历雷同，纯属巧合，请不要对号入座。

目 录

CONTENTS

Conflicts & Growth

第一部分

一种转向

第 1 章

那些糟糕婚姻中的孩子

从关注离婚到关注冲突

Conflicts
& Growth

01

夹缝现场

那些糟糕婚姻中的孩子

"为了孩子，我们选择不离婚……"

"要不是为了孩子能安心高考，我们早就离婚了……"

继疫情过后的离婚潮，高考分数公布后，民政局又迎来了一波排队等待办理离婚的父母们。现实中"为了孩子"而选择在一段不幸婚姻中委曲求全的夫妻太多太多了。很多在痛苦的婚姻中硬撑的父母都坚信，只要保证家庭的完整就是对孩子负责任，他们天真地认为只要不离婚，孩子就会幸福。但实际情况是，如果维持不幸的婚姻，孩子可能每天面对的都是父母间无休止的冲突和谩骂，长期沉浸在家里的压抑气氛中，有时还会被迫在父母冲突中扮演"润滑剂""垃圾桶"或"出气筒"的角色。也有些父母为了维持家庭的表面和谐而"扮演"正常夫妻，但孩子可能早已觉察到父母关系的裂痕和家庭氛围的变化，父母关系的"表里不一"，对孩子而言更是一种精神折磨。

每年给学生上《家庭教育与亲职辅导》课时，我都会在课上问大家，"你们觉得父母离婚和父母天天吵架，哪个对孩子的伤害更大？"大部分同学都更支持"两害相较取其轻"，即如果父母不能好好相处，那么长痛不如短痛。其中有一个学生的分享让我印象深刻

（见案例 1-1）。

案例 1-1　一名女大学生的自述

　　我的父母在我上大二的时候终于离婚了，那一刻，我感到无比轻松！我曾劝过父母早点离婚，可他们认为只要保证这个家表面完整，就能将对我的伤害降至最小。直到我考上大学，他们才认为他们完成了"使命"，可以解散这个家庭了。

　　从我记事起，他们就经常无休止地争吵，而且总是把我夹在中间，这也令我的情绪常常失控。他们说得最多的就是"为了孩子再忍几年"，而正值青春期的我想得最多的就是如何逃离这个家庭。多年的家庭争战，让我变成了一个脾气很臭、安全感极低的人。直到我开始恋爱，我发现我极其羡慕对方家庭的和谐融洽，很想尽快融入对方的家庭，离开自己的这个家。恋爱中往往会出现矛盾，而我解决矛盾的方法却惊人地重复着我最憎恶的方法——争吵！

　　后来，我们在研究中对大学生进行访谈时，不止一人提到自己多年来夹在冲突不断的父母中间何其挣扎与痛苦，他们不能理解的是，为什么父母都吵成这样还不离婚。事实上，他们疑惑的这个问题，也是社会和学术界正在探讨的一个问题：相看两生厌的夫妻，到底要不要为了孩子的幸福维持不幸的婚姻呢？

　　现在越来越多的研究都倾向于支持这一观点：离婚对孩子的影响是有限的。有数据显示，75% 离异家庭的孩子最终与完整家庭的孩子一样适应良好；而真正决定离婚对孩子影响好坏的，不是那一张离婚证书，而是离婚前后父母之间互动的方式，他们之间是否有强烈的争吵甚至肢体冲突，以及是否将孩子无情地卷入父母之间的战争中。结合对学生的访谈以及对已有研究的回顾，我们越来越确定，对孩子来说，父母冲突比离婚的伤害更大。我们再来看一个中学生的案例（见案例 1-2）。

案例 1-2　夹在离异父母之间的初中生

刚上初一的女生小雅因为出现不想上学的念头，母亲带她来到咨询室。深入了解之后，咨询师才发现，小雅的上学问题与父母之间的冲突有关。父母之间一直冲突不断，并在半年前离婚，然而离婚并未缓解两人之间的矛盾，父亲、母亲都会在女儿面前表现出对彼此的不满，会拉女儿来评价谁好谁坏，他们都想拉拢女儿，而且父亲、母亲都会在讲完对方的坏话之后叮嘱女儿不要将自己说的话告诉对方。女儿从小就夹在父母中间左右为难，觉得自己不管支持谁都是背叛了父母中的另一方，本来小雅以为父母离婚之后就不用再夹在两人中间了，但这种奇怪的模式却有增无减。

小雅刚上初中，一开始状态很好，老师还选她做班长。但由于家里的矛盾冲突，小雅面临很多情绪困扰，并且学习状态明显受到影响，有几次甚至忘了交作业。老师请家长到校谈话，小雅觉得很有压力，觉得自己好不容易在老师心目中建立起的形象一下子崩塌了，从此不想再去学校，母女之间的冲突也凸显出来。

对于小雅的问题，咨询师只做了这样几件事情：第一，让母亲不要在女儿面前再谈论与父亲之间的问题，更不要将女儿卷入冲突中，不要再跟女儿抱怨对方或者让女儿来评理；第二，让这对互相仇视的父母能够为了孩子重新学会沟通，并在孩子教育的问题上试图达成一致意见；第三，让女儿学会拒绝，例如当母亲或父亲跟自己讲对方坏话的时候，可以直接告诉他们"那是你们两个人的事情，跟我没关系"；第四，改善母女关系，减少冲突，增进母亲对女儿的倾听，促进母女沟通质量的提高和信任的提升，从而帮助女儿更有效地表达压抑的情绪。咨询的效果很明显，小雅在这个过程中得以释放压抑的情绪，也学会了应对父母冲突的方法，并顺利回到学校上学。

02

"为了孩子"：是保护，还是借口

大众误解和学术结论

在我们的传统文化中，孩子成为很多父母不愿离婚的借口和离婚的阻碍，为了"给孩子一个完整的家"、为了"不让孩子受到伤害"，父母双方都饱受煎熬。但我们需要区分"伤害"和"影响"的不同。离婚必定会给孩子的生活带来影响或者变化，比如原本每天都能见到爸爸和妈妈，现在要隔很久才能见到其中另一方，但影响未必等于伤害，影响有好坏之分，坏的影响才叫伤害。

科学网（Web of Science）数据库检索发现，迄今为止关于父母离婚如何影响子女发展的研究文献有数千篇。在 20 世纪 80 年代末 90 年代初之前，研究基本支持离婚对孩子的"严重影响说"，即父母只要离婚就会对儿童青少年发展造成持久且严重的消极影响。

压力理论在一定程度上证实了这一观点，短时间内经历大量的生活转变，无论对成人还是孩子的身心健康都会造成负面影响（Pearlin, Lieberman, Menaghan, & Mullan, 1981）。对于大多数孩子来说，父母离婚会给他们的生活多多少少带来一些明显的改变，包括父母一方的离开，家庭生活水平的降低，搬家和转学，与过去的朋友关系疏远，应付父母的新配偶，跟继父母甚至他们的孩子一起居住，并且还有可能面临父母再次离婚或者再婚。这些可能的生活改变在短时间内给儿童青少年造成的累积影响，无疑会给他们的身心健康发展带来危机。

从结构功能论（Gately & Schwebel，1992）来看，家庭作为一个结构，每个成员都承担着独特的功能，这些功能包括经济提供、家庭照顾、角色模范等"显功能"，也包括未被察觉的"潜功能"，因此，失去父母中的任何一人就等于失去了一方的功能。父母离婚后，孩子与父母某一方的交往频率和交往质量的下降，可能让孩子表现出更多的心理行为问题。

从 20 世纪 80 年代末 90 年代初开始，关于离婚影响孩子的观点由"严重影响说"逐步转向"有限影响说"。支持"有限影响说"的研究者普遍认为，虽然离婚给孩子带来了一些消极影响，但遭受持久负面影响的孩子只占小部分，大部分孩子是能够从父母离婚的阴影中走出来的（Ahrons，2004；徐安琪，2002）。除此之外，在这一阶段还有很多研究者提出了新的理论来解释离婚的有限影响，其中比较有代表性的是"危机-弹性"模型、"压力释放"理论和"良性离婚"（good divorce）假说。

危机-弹性模型（Hetherington & Stanley-Hagan，1999）认为，虽然离婚带来了一系列消极事件，如家庭经济水平的下降、与父母其中一方的分离、搬家和转学、经历父母的再婚甚至再次离婚等（这些因素称为危机因素），这些危机因素会增加孩子出现心理行为问题的风险，但这些危机因素的影响大小和持久性因人而异，仍有各种保护因素可以起到"减震器"作用，比如子女的智商（Rutter，2006；Weaver & Schofield，2015）和应对技能（Emery，1999）、积极的亲子关系和父母教育（Kelly & Emery，2003；Weaver & Schofield，2015）、父母冲突的减少（Kelly & Emery，2003）及父母共同养育

（Whiteside，1998）等。因此，来自离异家庭的孩子最终能否得到良好发展，需要考虑危机因素和保护因素的共同作用（Kelly & Emery，2003；Leo，2003）。

压力释放假说（Wheaton，1990）认为，虽然重大生活事件对个体的适应造成压力，但其影响的大小取决于该事件发生之前个体的生活环境，比如是否处在持续的慢性压力环境中。因此，父母离婚对儿童青少年的心理发展的切实影响也受到他们之前所处家庭环境的调节作用。对于那些家庭环境很糟糕的儿童青少年来说，父母的离异反倒让他们受益，离开糟糕的家庭环境反而会对他们产生一定的保护作用。如果孩子总是生活在父母频繁的冲突、敌意甚至暴力之中，那么父母离婚或许可以让孩子从持续的慢性压力中解脱出来，从而起到压力释放的效果，甚至会使孩子的心理健康状况在父母离婚后得到改善。

良性离婚假说（Ahrons，1994）认为，只要合理处理离婚这件事，父母和孩子都会从中受益，至少不会受到不良的影响。所谓良性离婚是指父母离婚后仍维持相对正常的家庭功能，父亲和母亲都继续有效地执行父母教养功能，父母之间沟通频繁但很少发生冲突，非监护方会频繁与孩子联络并保持比较紧密的关系。虽然父母离婚了，但在孩子看来自己与父母仍然是一个家庭，父亲和母亲都继续对孩子的情感、经济和生理需求负责任。而良性离婚的前提是：离婚夫妻能够发展出教育合作关系，双方跟孩子的亲子联结都能有效地持续下去。这就要求离婚夫妻对孩子的抚养达成共同的目标，并发展共同的策略去实现这些目标。

从"有限影响说"的几个理论来看，离婚并不是一个简单的事件，而是一个复杂动态的过程，这一过程在父母离婚之前就开始，持续到离婚数年之后。

　　我们要知道，真正影响孩子的不是离婚本身，而是这个过程中父母自身的状态、父母之间的相处以及父母如何与孩子相处。有些离异家庭的孩子性格之所以比较敏感，往往是因为离婚后，父母之间的敌意和互相诋毁会延续甚至加重彼此的争吵和冲突，父母把全部的关注焦点放在了对彼此的埋怨和仇恨上，而忽视了对孩子的养育和关爱，甚至把孩子无休止地卷入离婚夫妻之间的敌仇情绪和矛盾中。还有一些父母在离婚后个人状态出现问题，自己的生活过得一团糟，还把抱怨和责难加在孩子身上，觉得孩子简直就是负累。如此看来，怕孩子受到"伤害"而不离婚，本身只是一个借口。

03

父母冲突，硝烟起点
从离婚研究的不足说起

在我们的访谈研究中，那些在父母冲突中长大的孩子，有的会在考大学或找工作的时候义无反顾地选择离家很远的地方，当然也有的会因为"不放心"父母而留在父母身边读书或者在毕业之后回到父母身边工作。但基本上他们都会提到，父母之间的冲突模式对他们的人际关系有很大影响。后来我们对大学生开展的问卷调查也证实了这一点：父母之间的婚姻冲突，会增加孩子发生人际冲突的可能性，不管是恋爱中的冲突，还是与同学、舍友相处时的冲突。家庭系统理论用家庭三角关系和自我分化来解释这一现象：长期在父母冲突的环境中成长的孩子，他们往往会被迫或主动地卷入父母的冲突中，形成三角关系，当承受不了这种情绪的时候，他们或选择参与，或选择远离，但其实都是"自我分化"不良的表现，他们无法理智地处理关系的问题，当遇到冲突时就会"延续"父母冲突时的熟悉模式（更多内容详见第 5 章对家庭系统理论的介绍）。父母冲突对子女的影响绝不只体现在人际关系方面，还会给孩子的情绪、行为、应对方式等很多方面都带来影响。

相比于离婚，频繁的父母冲突更可能对儿童青少年的发展造成不良影响，且这一影响程度相当于离婚的两倍（Grych & Fincham，

2001)。关于离婚前父母冲突对离婚和儿童青少年心理发展之间关系的影响，研究者提出了以下三种假设（Amato，2003）：

①父母冲突是造成离婚和子女心理行为问题的共同原因；

②离婚前的父母冲突会增加离婚的负面影响；

③父母冲突是离婚影响子女心理适应的调节变量。

尽管有研究发现，冲突水平高的夫妻最终离婚的可能性更大，并且其子女更容易出现心理行为问题（Grych & Fincham，1990），但相对而言，支持第三种假设的研究证据更多，即父母冲突对父母离婚的负面影响（即子女的不良心理适应）起到了调节作用。

一项对高冲突完整家庭、低冲突完整家庭和离异家庭孩子的横向对比研究分析发现，离异家庭孩子的心理发展状况虽不如低冲突完整家庭的孩子，但好于高冲突完整家庭的孩子（Amato & Klein，1991）。这一结果提示我们，离婚对孩子的影响不一定都是负面的，这取决于父母冲突的水平。在此基础之上，研究者们又进一步通过追踪研究探讨了离婚和父母冲突对子女心理发展的影响机制。Jekielek 等研究者（1998）通过对 6～14 岁儿童开展追踪研究发现，父母冲突水平高且离婚的孩子，其焦虑和抑郁水平显著低于父母冲突水平高但未离婚的孩子，并且这种差异在父母离婚 2 年后更明显。Amato 等研究者（1995，2001，2003）对青少年期经历父母离婚的孩子进行长达 12 年的追踪研究发现，离婚前的父母冲突水平和离婚对成年早期子女的各方面发展都存在显著的交互影响（详见图 1-1）。简而言之，离婚前父母冲突水平越高，子女越可能从父母离婚中受益，但离婚前父母冲突水平越低，子女越可能受到父母离婚的负面影响。

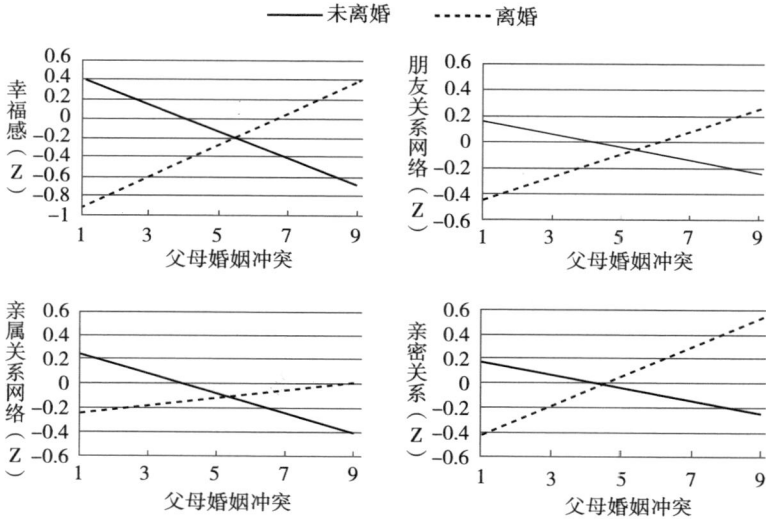

图 1-1　离婚前父母冲突和离婚对孩子心理发展的交互影响
(Booth & Amato, 2001)

　　综合来看，这些研究都比较一致地发现，对于高父母冲突的家庭，父母离婚对于孩子来说可以起到缓冲作用，或者可以起到部分缓冲作用，这基本支持压力释放假说（Wheaton, 1990）。

　　那么父母冲突又是如何影响儿童发展的呢？

　　研究发现，子女对父母冲突的感知、评价、低安全感是父母冲突对其产生影响的重要中介因素（Davies & Cummings, 1994; Davies & Martin, 2013; Grych & Fincham, 1990）。长期处在高强度、高频率父母冲突环境下的儿童青少年，对父母冲突的认知更为消极和负面，更有可能体验到父母冲突带来的威胁感以及自己的无力感；并且家庭中持续的冲突，容易导致儿童青少年在成长过程中的安全感缺失，进而产生焦虑、抑郁等情绪问题（Lindsey, 2009）。还有研究者基于家庭系统理论（Cox & Paley, 2003）指出，父母婚姻冲突

影响儿童发展的家庭过程也不容忽视，例如，父母婚姻冲突导致的
夫妻间的消极情绪和行为可能会蔓延到亲子关系中，并通过影响亲
子关系的融洽和亲密程度进而影响儿童发展。

小　结

　　基于对已有研究的深入分析发现，影响儿童青少年心理发展的决定性因素已经不再是父母离婚与否，更关键在于父母之间如何沟通与解决冲突。如果父母之间已经存在严重的冲突或分歧，离婚可以起到一定的缓解作用，不过仍有很多夫妻在离婚之后依然冲突不断。因此，更重要的是如何采取建设性的方式解决夫妻矛盾和冲突，并处理好夫妻关系与孩子的界限，尽量勿将孩子牵扯进夫妻之间的冲突、矛盾之中，切忌将孩子作为夫妻冲突的润滑剂或出气筒。

　　对于已经离婚的夫妻而言，则需要双方尽快调整好自身的状态，制定好离婚夫妻之间的交往策略以及与孩子之间的互动方式。一方面，亲密关系已经结束的父母双方应重新找到彼此以孩子为中心的有效沟通和交流方式，尤其要避免在孩子面前产生冲突和敌意，甚至诋毁对方，要尽量尊重对方作为长辈在孩子心目中的权威地位；另一方面，无论是监护方还是非监护方都需要跟孩子有积极的互动，而大部分离异家庭中的孩子都是跟母亲一起生活，因此父亲需要增加与孩子的接触，但不能流于形式，更关键的是要增进父亲与孩子之间的交往质量，让孩子感受到来自父亲的支持和亲密感；母亲则需要增进与孩子的情感交流，并鼓励和支持父亲与孩子的接触，从而弥补因父亲离开带来的情感缺失。在本书第三部分会专门介绍如何帮助离异夫妻解决沟通和冲突方面的问题，以促进离异家庭子女的适应。

第 2 章

父母冲突

不幸婚姻的共性

Conflicts
& Growth

在《社会学百科辞典》和《辞海》中，常以"抵触""争斗""分歧""互不相容性"等词语对"冲突"（Conflict）进行描述与定义。所谓冲突，是指两个个体因为不同的态度、兴趣、行为等，形成对立、隔阂、防御性沟通、情绪不满、言语或非言语的矛盾信息等互动方式，冲突行为通常会干扰、损害或控制某一方（叶光辉，1999）。毋庸置疑，冲突广泛存在于各种人际关系之中，是社会互动的基本类型之一（袁方，1990），同样也存在于家庭人际沟通之中，如父母冲突、亲子冲突、同胞冲突等。进入 20 世纪 70 年代，关于社会冲突的研究开始在家庭沟通、夫妻关系、亲子关系等领域展开。根据家庭系统理论（Bowen，1978；Cox & Paley，1997），家庭是一个整体的动态系统，任何亚系统（父母亚系统、亲子亚系统、兄妹亚系统等）的破坏，都会影响其他系统的正常运行，也会影响儿童的心理发展。其中父母亚系统，尤其是父母冲突的影响得到研究者们的广泛关注。有研究发现，与其他夫妻、婚姻问题相比，父母冲突是预测儿童问题更有效的指标（Cummings & Davies，2010）。

案例 2-1　有学校恐惧的女孩

　　小云的父母第一次走进咨询室是想解决女儿因为明显的抑郁、焦虑情绪而拒绝上学的问题。女儿上初三，因为有很大的学习压力，每天睡前都感到很焦虑和紧张，睡不着觉，第二天起床很困难，情绪也很低落，并且逐渐表现出不想上学的苗头。对于这个问题，爸爸和妈妈的反应明显不同。妈妈觉得做任何事情都需要坚持，要迎难而上，所以就算再难受，也应该坚持去上学；爸爸则比较能理解女儿的心情，很担心她的心理状态，虽然他也觉得应该坚持上学，但是当女儿表现出强烈的负性情绪之后，他就妥协了，他认为女儿的健康是更重要的。

01

客厅里的争吵、卧室里的啜泣

父母冲突的定义与类型

父母婚姻冲突，简称"父母冲突"（Inter-parental Conflict，IPC），是指父母之间因为意见不一致或其他原因而产生的言语争执或身体攻击，往往通过冲突发生的频率、强度或冲突是否得到解决等特征来界定（Cui & Fincham，2010）。

对父母冲突的理解，有以下三点需要注意：

①父母冲突是不可避免的，是婚姻关系的必然产物，只要有差异就存在冲突（杨阿丽，2007）；

②父母冲突不一定都表现为公开的争吵、打骂、摔东西，冷战也是冲突的一种（池丽萍，辛自强，2003；杨阿丽，2007）；

③父母冲突对儿童发展的影响不一定都是消极的，还要看冲突解决的过程和结果是否具有建设性（McCoy，Cummings，& Davies，2009；Reese-Weber & Bartle-Haring，1998）。

关于父母冲突，最常见的分类依据是根据"儿童是否暴露于父母冲突之中"，将父母冲突划分为公开的冲突和隐蔽的冲突。公开的冲突（overt conflict），指在儿童面前发生的冲突或被儿童感知到的冲突；隐蔽的冲突（covert conflict），指避开儿童或未被儿童感知到的冲突。公开的冲突与儿童的情绪和行为问题呈显著正相关（刘俊升，季晓芹，李丹，2014；罗媛，李鹏程，2013；Oh，Lee，& Park，2011；杨阿丽，方晓义，林丹华，2002），直接目睹父母冲突、家庭暴力的孩子受到负面影响的可能性更大；而那些隐蔽的冲突与儿童发展的关系相对更弱，但长期生活在隐藏性父母冲突下的儿童会出现困惑与焦虑感，产生不安全感，进而导致生活适应问题（Hetherington，Cox，& Cox，1982）。也就是说，公开的父母冲突更能预测儿童发展的消极后果（池丽萍，辛自强，2003）。

此外，还有研究基于父母冲突的应对方式将其分为建设性父母冲突和破坏性父母冲突。建设性父母冲突（Constructive Conflict）是指夫妻双方在冲突发生后积极处理问题，通力合作来解决问题的冲突；破坏性父母冲突（Destructive Conflict）则是指夫妻之间以敌对、升级冲突乃至肢体攻击或者回避的方式来解决问题的冲突（Goeke-Morey，Cummings，Harold，& Shelton，2003）。Mccoby 等研究者（2009）发现，这两种冲突模式对儿童的影响存在差异：破坏性父母冲突与儿童的情感安全、亲社会行为均呈负相关；而建设性父母冲突不仅减少了儿童出现适应问题的风险，还增加了儿童的积极情绪、情感安全感以及更多的亲社会行为。Davies 等人（2012）也发现，破坏性父母冲突增加儿童青少年的情绪不安全感，诱发心理问题的出现；而建设性父母冲突可以预测未来两年内儿童心理问题的减少。

　　在案例 2-1 中，小云的父母在日常生活中也存在很多分歧和冲突，包括彼此的生活习惯、对待长辈的态度、解决问题的方式等，只是在教育女儿这件事情上更明显地表现出来了而已。他们俩的冲突模式很有意思，妻子是大多数情况下比较沉默，但隔一段时间就会不定期地情绪爆发一次，数落丈夫的各种不是，发泄完之后，又会恢复一段时间的平静；丈夫则很少直接表达对妻子的不满，他会在妻子情绪爆发的时候，想各种办法解决问题，企图灭火，但总是效果不佳。慢慢地，女儿的教育问题也越来越成为夫妻之间理所当然的交战场。由于夫妻之间有太多未解决的冲突，双方原本的教育理念的差异，逐渐变成彼此都不可调和的固有分歧。

02

理解冲突的 4 个维度
父母冲突的特征及影响

夫妻冲突会损害夫妻自身的幸福感（Lee et al, 2021；Shek, 2000）和身体健康，也会对婚姻关系的质量产生影响。Gottman 等（1992）的研究发现，拥有更多积极互动的夫妻对婚姻的满意度更高，严重的婚姻问题更少，离婚的可能性更小，而他们的身体健康状况也更好。Gottman（1999）在其婚姻研究中总结了预测婚姻质量的 7 个法则，其中有 3 个都与夫妻冲突有关：苛刻的开始、"末日四骑士"和尝试修复失败。

苛刻的开始是指夫妻俩总是以批评或讽刺的方式开启对话。"末日四骑士"，分别是**批评**、**鄙视**、**辩护**和**冷战**。**批评**是指当对配偶做的事情不满时，不是就事论事，而是上升到对配偶的性格甚至整个人的负面评价或否定；**鄙视**则暗含着对配偶的"居高临下"或瞧不起的态度，通过挖苦、讥笑、冷嘲热讽、翻白眼、不友善的幽默等形式来体现；**辩护**，或称防御，往往是对批评或鄙视的回应，通过行动或语言来表达"这不是我的问题"，却可能是一种暗含的指责——"是你的问题"；**冷战**则是通过沉默、回避的方式来应对冲突。夫妻的冲突很多时候都以苛刻的方式开始，言语中夹杂的批评和鄙视导致辩护，然后引发更多鄙视和辩护的互动循环，最终以夫妻一方的沉默或置之不理结束。其中，鄙视对婚姻关系的伤害最大，冷战在婚姻关系中出现得比较晚。当然，在夫妻关系中，偶尔的批评、鄙视、辩护和冷战都很难避免，也不一定会对婚姻关系带来明显的不良影响，但如果这"四位骑士"频繁而稳定地出现在婚姻关系中，就会给婚姻关系带来很大伤害，甚至会预测离婚。

冲突在婚姻关系中常有，但并不是有冲突的夫妻就一定不幸福或一定会离婚。在 Gottman 的研究中还有另一个重要的因素，那就是感情修复的尝试是否成功。感情修复尝试是指当冲突出现之后，夫妻共同努力，通过幽默、示好、退让或妥协的方式来解决冲突，避免矛盾升级。感情修复尝试的失败是不幸婚姻的敏感指标。一些夫妻即便在冲突的过程中出现了"末日四骑士"，如若夫妻之间的感情修复尝试是成功的，他们依然可以拥有稳定、幸福的婚姻；但如果感情修复尝试失败甚至根本不去尝试感情修复，那婚姻就危险了。夫妻双方能否恰当地解决冲突会对婚姻关系质量产生重要影响。Marchand（2004）的研究表明，积极的夫妻冲突解决方式（如妥协、协商等）可以提高夫妻的婚姻满意度；而消极的夫妻冲突解决方式（如肢体攻击、语言攻击等）则会降低夫妻的婚姻满意度。我国学者的研究也发现，新婚夫妻的冲突解决方式会显著影响他们的婚姻质量（李晓敏等，2016）。

父母冲突还会给子女的身心健康带来影响。一些频繁爆发冲突的父母最后可能会选择通过离婚来结束关系和冲突。以前我们会认为离婚对孩子的影响很大，但实际上父母离婚总是会伴随着冲突，父母冲突这个变量可能起着更加重要的作用。不过，研究者也都普遍认为父母冲突是家庭生活中自然和相对正常的一部分，其对儿童的影响主要受到冲突内容、频率、强度和是否得到有效解决等因素的影响（Grych & Fincham，1990）。接下来我们来看看父母冲突的不同方面（冲突内容、冲突频率和强度、冲突解决）都有什么特征，以及父母冲突怎样对儿童青少年的发展产生影响。

父母冲突内容：与孩子无关 vs. 与孩子有关

夫妻之间可能引发冲突的原因和内容是多样的，如夫妻间的需求与期待、性生活、外遇、子女教育、家务分工、生活习惯、经济、姻亲关系、朋友、宗教信仰等（Carol，Oishi，Darlington，& Diener，1998；陈一筠，2000），其中，家庭分工、子女教育、经济是父母冲突的多发领域（罗媛，2008；徐安琪等，2002）。

小云的父母也不是一直都关系不好。

妻子在工作发生变化、与外界接触变多之后就开始嫌弃丈夫。丈夫感受不到妻子的崇拜和尊重，越是这样，丈夫就越想通过自己的"表现"来获得妻子的认可，所以每当妻子情绪不好的时候，丈夫就会立马出谋划策，企图帮她解决情绪背后的问题，可妻子非但不领情，反倒发更大的脾气。

夫妻之间开始产生越来越多的冲突，他们内心深处都觉得对方不能满足自己的情感和心理需要：丈夫觉得妻子随着工作的变动、经济收入的不断提高，对自己的认可和崇拜越来越少，取而代之的是越来越多的嫌弃和不满，经常莫名其妙地对自己发脾气；妻子则觉得丈夫根本不懂自己，缺乏对自己情感的关怀和理解。然而，他们很少就彼此的关系或冲突问题，坐下来心平气和地沟通，也没有真正去了解对方心里的情感需求是什么，而都在采用自己的固有模式来"解决问题"，最终的结果是，夫妻之间的冲突非但没有得到真正解决，反而让双方关系变得越来越糟糕。

夫妻治疗室

丈夫：好歹我在单位也是一个领导，别人都对我很尊重，说话很客气，但我一回家就遭受她的各种嫌弃。她一会儿嫌我穿衣服没有品味，一会儿又说我的头发头油味儿重，恨不得每天换一次枕套。

咨询师：嗯，我感觉其实先生有时候会有一些困惑，也会觉得委屈，您这么努力地工作，事业小有成就，在家里也尽心尽力照顾老人和孩子，却很少能得到太太的认可和肯定。尤其是跟单位的同事一对比，感觉落差很大，连陌生人都可以对自己毕恭毕敬，为什么自己最亲的老婆却总是对自己不满。

丈夫：是啊，哪个男人不希望自己的老婆能够欣赏自己、崇拜自己。其实我没有那么高的要求，我的想法是她只要不是一脸嫌弃和厌恶的样子我就心满意足了。我还搞不懂的一点是，她的情绪为什么总是阴晴不定。我一看她情绪不对就紧张，就立马想办法灭火，有时候她遇到工作上的问题我就给她想各种解决方案，她不但不领情，还火气更大，最后不欢而散。

咨询师：我猜，你太太心情不好的时候，可能不是需要你给她支招，她更希望你能关注她的情绪，倾听她的心声，安抚她。也许在她生气的时候，你可以给她一个拥抱，或者握着她的手，就默默地听她发牢骚，什么也不用说。

妻子：对啊！我跟他说了很多遍，我不想听大道理，可他根本就不理解，就是个木头。很多时候，其实我就宣泄一下就完了，可一听他叨叨叨地不停讲道理，我就更来气，有时候就忍不住发飙了。

对于有孩子的夫妻，随着夫妻冲突的深入或暂时无法解决，他们还可能将冲突的内容转移到教育子女的问题上。Katz 和 Gottman（1996）的研究发现，夫妻冲突会使夫妻双方拒绝承担对孩子的教养责任，进而影响孩子的成长与发展。冲突内容的转移使父母之间的紧张状态暂时得以缓解，也可能导致新的冲突，但无论哪一种情况，都可能对子女的发展产生消极影响。

小云的父亲和母亲在教养方式上存在很大的分歧，是严母慈父的搭配，妈妈认为不管在学习上还是人际交往中遇到任何困难和挫折，挺一挺就过去了，要直面困难，不能退缩，她觉得自己一路走来都是这样解决问题的，女儿肯定也可以；爸爸则认为女儿之所以上不了学，肯定是真的遇到了困难，他能感受到女儿内心的痛苦和挣扎，很心疼女儿，相比去上学，他更在乎女儿的健康。

在小云小学五年级之前，爸爸陪伴和教育她的时间比较多，在那段时间，她更多汲取了爸爸身上的特点——乐天，外向。五年级之后，一直到初中，爸爸因为工作的原因要到外地一段时间，陪伴和教育小云的任务就转移到妈妈身上，而在这段时间里，妈妈对小云潜移默化的影响逐渐体现出来。小云开始不知不觉对自己有更高的要求，不管是在学习上、人际上，还是外貌和体形方面。事实上，在这段时间里，小云的确表现得更"优秀"，但随之而来的学业压力、焦虑情绪也越来越明显。甚至在小云上八年级时，因为表现出明显的焦虑及抑郁情绪，爸爸不得不提前结束外地的工作回到北京。在这之后，小云就变成被爸爸和妈妈"共同管理"了，本来是一件很好的事情，却让小云的情况变得越来越糟糕，直到九年级开学没多久，她就没法去学校了。在父母共同管理的这段时间里，来自父亲和母亲的不同甚至冲突的行为模式，对小云的影响越来越凸显，不同的声音总在她脑海里打架，她有的时候特别想做到最好，并为之努力，但有的时候又觉得自己好累，想彻底放松下来。这样的矛盾和冲突越来越困扰着她，直到这种压力让她无法走进校门。

这对父母，不仅教养方式存在很大差异，并且他们都非常不赞同对方的教育方式，妻子认为丈夫太惯着女儿，没有原则，丈夫则怪妻子太强势和压迫，完全不顾及女儿的感受。每次当孩子出状况时，夫妻俩各自有各自的主张，自然就很难在孩子面前统一战线。

有研究发现，父母冲突的频率跟冲突内容存在一定的关联：高冲突组的父母更可能因为各种各样的事情起冲突，而中等冲突的父母，其冲突主要集中在孩子的教育问题和价值观念方面（梁丽婵等，2015）。父母冲突中与孩子有关的冲突比与父母自身有关的冲突更激烈（杨阿丽，方晓义，2005），并且与孩子有关的父母冲突对孩子不良行为的影响更大（杨阿丽等，2007）。

当小云的父母逐渐将冲突的焦点放在女儿身上时，女儿的行为和情绪的矛盾性也越来越凸显。父母之间完全不一样的教育理念和方式，让夹在中间的小云变成了一个极其矛盾的人。

小云每天晚上睡觉的时候都特别坚定地说，自己第二天一定要去学校，并且让爸爸第二天早上不管用什么方法，都要把她叫起来去上学；但是每到第二天早上该起床的时候，她就保持沉默，不管父母怎么叫她起床都赖着不起。在后续的咨询中，小云也断断续续出现在咨询室，咨询师从小云的自我表述、对小云的观察以及与小云的沟通中，都感受到小云的矛盾性和两面性。她会一段时间内特别上进，玩命地学习，跟打了鸡血一样，一定要"逼迫"自己做到最好，否则就不满意；但过一段时间又会什么都不想干，不仅是学习，连平时感兴趣的配音游戏也不想玩了，也不愿意出门，把自己封闭起来。可以发现，她有的时候会追求完美到极致，成绩要最好，人缘要最好，外形要最好；但有的时候又会不惜"自黑"，让别人看到她懈怠、封闭、不修边幅的一面。这种两面性，甚至让她自己都怀疑自己是不是得了双相情感障碍，去网上疯狂寻找证据。

Grych 等人（1992）探讨了其中的影响机制，认为养育方式的分歧造成不同的抚养态度和管教方式，进而影响了儿童的问题行为。如果冲突涉及孩子，这种冲突对孩子来说是更大的压力。孩子会认为父母之所以产生冲突，是自己的责任，这种想法导致孩子因为家庭失和而自责，或怀疑自己在家中的地位及父母对自己的感情。Grych 和 Fincham（1993）的研究证实，当冲突的内容与自身有关时，儿童显得较羞愧、自责，虽然害怕被卷入冲突，但也倾向于以直接介入父母冲突的方式来应对；冲突会引起儿童的自我贬低，进而产生适应上的问题。

父母冲突频率与强度：高频率 vs. 高强度

虽然对父母冲突频率的评估，因研究方法、测量工具、研究对象的不同存在差异，但毋庸置疑的是，父母冲突频率越高，意味着儿童更频繁地暴露于父母冲突之中，情绪上的不安全感反复累积，逐渐表现出更多的内化和外化问题倾向（邓林园等，2012；邓林园，方晓义，阎静，2013；Essex, Klein, Cho, & Kraemer, 2003；Oh,

Lee，& Park，2011）。父母冲突的强度可以从冷静探讨到言语攻击、身体攻击不等。

Gottman 和 Katz（1989）针对学龄前儿童的研究发现，婚姻不和会影响孩子的同伴关系和身体健康，因为夫妻冲突较多的家庭中，孩子长期处在较大压力下，这让他们的社交技能发展缓慢，且身体健康状况不佳。Cummings 等人（1989）研究发现，当儿童看到成人怒目相视并伴有身体攻击的场面时，比看到只有言辞激烈的场面表现出更多的紧张、害怕。父母冲突强度越大，尤其在出现言语攻击并伴随身体攻击时，儿童表现出的消极情绪也越多（Holden & Ritchie，1991；Jenkins & Smith，1991；Jouriles et al.，1989）。其他很多研究也发现，儿童青少年感知到的父母冲突的频率和强度越高，越容易出现情绪、行为甚至睡眠等适应问题（王玉龙等，2016；Kelly & El-Sheikh，2011；Kouros，Cummings，& Davies，2010；Manassis，2000）。

经常暴露在高强度父母冲突下的青少年，不管是肢体攻击还是语言攻击，他们将会通过模仿的机制，视攻击为有效的、正当合法的行为，并把攻击视为合理解决冲突与适应环境的途径（Amato，1993；Emery，1982；Grych & Fincham，1990）。关于婚姻暴力的研究发现（Bernet et al.，2016），高强度和高频率的婚姻暴力都会对孩子的成长产生不良影响，但是两者的结果存在差异：经历父母之间高强度的婚姻暴力的孩子更可能会患上创伤后应激障碍；而如果孩子生活在相对较低程度却持续时间较长的父母婚姻暴力中，则更可能患上焦虑症（如分离焦虑症、广泛性焦虑症）或抑郁症。

父母冲突三角化

随着父母冲突的升级或僵持，为了缓解父母间的紧张关系，子女会主动选择或被动卷入父母冲突之中，形成父-母-子间互动的三角关系（也称亲子三角关系），即父母冲突三角化（Bowen，1978）。父母冲突水平越高，子女卷入三角关系的程度可能就会越深（Franck & Buehler，2008；Grych，Raynor，& Fosco，2007）。亲子三角关系虽可以暂时缓解父母间的紧张关系，但当子女的卷入成为一种固定的模式时，亲子三角关系不仅不利于父母间冲突的有效解决，而且给子女的心理发展带来明显的消极影响（Bowen，1978），比如产生更多的内、外化行为问题（Franck & Buehler，2007；Grych，Raynor，& Fosco，2004；王赵娜，王美萍，2014）、人际交往问题（Peris，Goekemorey，Cummings，& Emery，2008）。

小云的父母也没有逃脱"家庭三角关系"的魔咒。丈夫释放情绪的方式是"拉帮结伙"，他很"自豪"的是，在家里，他跟女儿的关系、跟岳父岳母的关系，都比妻子处理得好。所以，在这个五口之家，丈夫、女儿、岳父岳母已经结成了一个稳定的同盟，而妻子是被孤立的一派。并且，他们的咨询师敏感地觉察到，丈夫"拉帮结伙"的功力真是很强，他试图在妻子有事不能出现在咨询室的时候，跟咨询师疯狂吐槽自己的妻子，并且很多时候是以女儿和岳父岳母的口吻去表达对妻子的不满，似乎要让所有人都认同他在这个关系中的"受害者"身份。

可见，丈夫采取的是典型的"跨代联盟"策略，因为丈夫提倡"以和为贵"，不愿与人正面交战，但对妻子却有很多压抑着的不满，所以他总是采取"迂回"的方式，时常借他人之口表达对妻子的不满。而当妻子站在"父女同盟"的对立面，会不自觉地"指桑骂槐"，因为她感觉到丈夫整颗心都在女儿身上，女儿稍有风吹草动，丈夫就会焦虑、着急，巴不得自己能替女儿承受所有的苦，所以当妻子对丈夫特别生气的时候，就会更变本加厉地"惩罚"或指责女儿，她知道这比直接惩罚丈夫更让丈夫难受；并且有的时候妻子会因为丈夫对女儿这么体贴，对自己却一点都不关心，从而对女儿心生嫉妒和敌意，在这种情绪下，她对女儿的态度肯定也不会好，而女儿就成了母亲表达对父亲不满的"出气筒"。

夫妻治疗室

妻子：我老公对女儿真是挺好的，只要女儿一有什么不舒服，他就完全没有原则了。

丈夫：孩子她妈妈情绪很不稳定，对孩子也老是发脾气，孩子都怕她。每次看到孩子委屈的样子，我真是心疼。

妻子：她爸爸对女儿真是挺温柔的，只要女儿一跟他哭诉或撒娇，他就啥原则都没有了。我跟他结婚这么多年，都没有享受过这待遇，呵呵。

咨询师：听起来太太好像有点吃醋哦！当看到先生跟女儿在一起的时候，原来他是可以这么有耐心，这么善解人意的。可对自己怎么就不能这样呢？

妻子：对啊！虽然说起来都觉得有点难为情，但有时候还真的会吃醋！所以啊，有的时候我对女儿发火，就是发给他看的。我知道女儿是他的心头肉，你让我不舒服，我就让你心头肉不痛快。

最终，父母之间日趋激化的矛盾导致亲子关系的失衡以及整个家庭系统的功能失调，困在其中的孩子却没有那么大的能量来解决这个庞大的家庭问题，因此，孩子产生越来越严重的情绪困扰就在所难免了。

父母冲突解决：积极 vs. 消极

父母冲突的解决与否，对儿童行为后果的影响是非常深远的。Mccoby 等研究者（2009）发现，破坏性父母冲突与儿童的情感安全、亲社会行为均呈负相关；而建设性父母冲突不仅减少了儿童出现适应问题的风险，还增加了儿童的积极情绪、对父母冲突的情感安全感以及更多的亲社会行为。Davies 等人（2012）也发现，破坏性父母冲突会增加儿童青少年的情绪不安全感，诱发心理问题；而建设性的父母冲突可以预测未来两年内儿童心理问题的减少。此外，夫妻在解决婚姻冲突时使用的不同方式可以预测孩子的内外化行为问题。

互相攻击和敌视的夫妻，他们的孩子将来可能会有更多的外化行为问题，如攻击他人、违规违纪、脾气暴躁等；而夫妻一方的愤怒和回避行为可能与孩子将来的内化行为问题有关，如焦虑、抑郁等（Katz & Gottman，1993）。孩子会潜移默化地模仿父母处理冲突的方式，将其应用到自己的人际交往尤其是亲密关系中（邓林园等，2015）。如果父母不能有效地解决冲突，家庭系统的各个方面将不可避免地受到影响，青少年可能就会通过自伤等方式来应对这种不良的家庭环境（王玉龙等，2016）；而成功解决冲突的父母提供给儿童一个正向的问题解决模式，有利于发展儿童的社会能力和应对技巧（赵梅，2005）。

已有研究表明，并不是所有经历过父母冲突或敌对的儿童青少年都表现出较多的心理与行为问题（McCoy，Cummings，& Davies，2009），关键在于父母是否采取合作性冲突解决（或建设性冲突解决）的方法。所谓合作性冲突解决，是指当父母发生冲突时，无论分歧有多严重，双方均能保持互动并努力进行谈判、倾听、肯定彼此的教养能力和付出，更愿意优先考虑孩子的需求（Buehler，Anthony，Krishnakumar，& Stone，1997）。例如，周楠等人（2017）研究发现，合作性冲突解决有助于降低儿童青少年情绪失调、感知到的威胁以及行为失调的程度；合作性冲突解决的重要维度"有效的冲突解决"与儿童青少年的应对效能呈正相关。总之，合作性冲突解决在父母敌对与儿童青少年发展间起保护作用，当冲突发生时，父母表现出的合作性冲突解决越多，儿童青少年的心理与行为问题越少。

在咨询师的帮助下，小云的父母都意识到并认可彼此长期以来的冲突给孩子的心理发展带来的直接和间接的影响，也愿意尝试去改变自己，改变关系，最终帮助孩子。所幸的是，经过两年的夫妻咨询，夫妻俩逐渐学会在婚姻关系中倾听对方，表达自己，用更建设性的方式解决彼此的冲突，并且能更有效地将对彼此的不满和对女儿的教育区分开，即使在偶尔还是有冲突的情况下，也会敏感地觉察，不会将情绪转移到孩子身上，学会了更有效的父母共同养育方式。虽然女儿的学习压力和情绪困扰依然存在，但是她在这两年里学习了很多的心理学知识和方法来帮助自己，在困顿中不断成长。而她的父母，现在都更能接受求同存异，用各自擅长的方式在女儿需要的时候支持她，陪伴她度过漫漫人生中的一道道坎儿。

Conflicts & Growth

第二部分

问题与冲突

第 3 章

"暴力" 破圈

父母冲突与孩子的攻击行为

Conflicts
& Growth

案例 3-1 父母的"复制品"

正值青春期的奇奇最近成绩直线下滑，而且总是情绪失控，甚至还表现出暴力倾向。妈妈很担心，决定带儿子去见心理咨询师。当咨询师问妈妈，最近孩子有没有遇到什么压力，或者家里有没有发生什么变故时，妈妈讲到家里这一年确实发生了很大变化。

一年前，夫妻关系出现问题，开始频繁争吵，甚至在情绪失控的时候，夫妻之间还会有肢体冲突。儿子不仅目睹了这一切，还经常卷入父母之间的冲突，爸爸会在儿子面前诋毁妈妈，妈妈也会忍不住在儿子面前吐槽爸爸。在夫妻不断冲突和争吵的过程中，妈妈发现儿子的问题越来越明显。儿子会经常发脾气，跟爸爸赌气、跟妈妈吵架，甚至还会用爸爸争吵时的原话去指责和质疑妈妈，越来越控制不住自己与同伴相处过程中的暴力倾向。每一次冲动之后，儿子都很后悔，会跟妈妈道歉；儿子冷静的时候，也会觉得爸爸和妈妈互相攻击和伤害甚至用动手的方式解决问题是不对的，却没法控制自己成为他们的"复制品"。

当奇奇的父母意识到问题的严重性之后，决定开始改变。在咨询师的帮助下，他们停止了无休止的争吵和互相诋毁，至少尽量不在孩子面前发生冲突，并且即使两人之间有了冲突和不愉快，也不把怒气和坏情绪迁移或转嫁给儿子。他们决心重新给孩子树立一个正面的榜样，也努力把孩子从父母关系中解脱出来，不再让他夹在中间左右为难。经过一段时间的坚持，奇奇有了明显的改变，虽然偶尔还是会情绪失控，但总体来说，他的情绪越来越稳定，慢慢学会了怎么表达和控制自己的情绪，学会了跟身边的人友好相处。

思考：奇奇是如何成为父母的"复制品"的，后来又是如何产生明显改变的呢？

01

"言传"与"身教"

从社会学习理论看攻击行为习得

直接作用模型：社会学习理论

我们常说，父母是孩子的第一任老师。这不仅因为父母是孩子最早观察学习和模仿的对象，还因为父母给孩子留下的成长印记是最深远也是最难以磨灭的。很多人成年之后远离故乡，在外地度过多年的学习工作生涯，回到家中依旧会发现自己的行为和父母存在某种相似性，这种相似虽不能排除遗传因素的影响，但更多是因为多年来跟父母朝夕相处中父母行为方式的耳濡目染。如果将这种耳濡目染的方式用心理学的术语表达，那便是班杜拉（Bandura）提出的社会学习理论，这也是最早被用来解释父母婚姻冲突和儿童心理行为问题之间关系的理论（池丽萍，王耘，2002）。

班杜拉认为，观察者（即孩子）通过观察学习和替代强化的方式模仿榜样（即父母）的行为（Grusec，1992）。1961 年，为了研究榜样对攻击行为习得的影响，班杜拉等人进行了经典的波比娃娃实验。

社会实验室

　　严格控制了儿童的基础攻击水平之后,研究者们将儿童分为了实验组和控制组,实验组中一半儿童接受攻击性榜样,另一半儿童接受非攻击性榜样,控制组没有任何观察榜样。研究者首先让儿童和榜样共处一室:若是攻击性榜样,则榜样对波比娃娃按照固定的顺序拳打脚踢 10 分钟;若是非攻击性榜样,则榜样独自玩 10 分钟的拼图。然后研究者将儿童带到另一个房间,激起其负面情绪,最后将儿童带到实验房间,观察其对攻击行为和攻击语言的模仿,以及自发形成的攻击行为。结果发现,参与实验的儿童如果看到了榜样的攻击行为,就更倾向于模仿这种行为,无攻击行为的榜样能够抑制孩子的攻击行为;而且儿童更倾向于模仿同性榜样的行为;因为攻击行为更具有男性特征,男性儿童比女性儿童更乐于展示自己的攻击行为。

　　那么就只能得到这样一个悲观的结论——不经意间旁观过暴力的儿童都会变成施暴者吗? 非也。班杜拉又分别在 1963 年和 1965 年,对此现象进行了进一步研究。结果发现,如果儿童观察到攻击性榜样在攻击波比娃娃后受到惩罚,儿童之后对波比娃娃采取攻击行为的次数就会减少。尽管儿童没有做出攻击行为,也没有直接被惩罚,但却学习到了不去攻击波比娃娃,这就是替代强化。

　　过去几十年有大量研究结果都可以用社会学习理论进行解释。

　　第一,社会学习理论可以解释父母冲突频率及孩子是否目睹父母冲突与儿童心理行为问题的关系。父母冲突频率越高,孩子越容易出现问题行为(Cummings, Zahn-Waxler, & Radke-Yarrow, 1981; Hershorn & Rosenbaum, 1985; Rutter, 1979);另外,相较于隐蔽

（不在孩子面前发生）的父母冲突，那些亲眼看见家庭暴力和父母婚姻冲突的孩子会有更多的心理、情绪、社交和学业问题（Fantuzzo & Lindquist，1989；Jaffe，Wolfe，& Wilson，1990；Kolbo，Blakely，& Engleman，1996；Margolin & Gordis，2000；Wolak & Finkelhor，1998）。尽管经常发生激烈冲突的父母用言语甚至肢体表达的是对自己配偶的敌意和攻击，那些无形暗器却都指向了孩子。

第二，社会学习理论可以解释父母冲突解决模式对孩子的影响。如果父母采用攻击性策略解决冲突（如吵架、打架、砸东西等），孩子更容易出现攻击性行为（Patterson，2002）。你可能会说，夫妻朝夕相处怎么可能不吵架？这里可不是让父母为了孩子忍气吞声甚至演出一副完美夫妻的样子，而是要"吵有意义的架"，我们称为建设性父母冲突。冲突还能有建设性？没错，冲突来源于双方意见或行为发生了分歧，就好像国家之间的分歧有时会变成可怕的战争，有时也可以变成谈判桌前的妥协和双赢。

当孩子观察到父母更多地采用积极的方式处理冲突（如言语和肢体上的情感表达、有效的问题解决和支持、相互的妥协和退让等），这种冲突解决方式被认为是建设性的（Goeke-Morey，Cummings，Harold，&Shelton，2003），对孩子的发展会产生积极影响（Cummings，Simpson，& Wilson，1993）。孩子既不会"学习"到攻击他人的方式，又相信父母能够以维持家庭和谐的方式处理冲突，感受到家庭的稳定性和安全感。因此，即使父母之间频繁出现分歧，但若双方能采用建设性的冲突解决策略，孩子可以学习到父母对待分歧的方式和策略，从而发展出他们自己的问题解决和冲突解决的方式（Erath & Bierman，2006）。

当然，社会学习理论并不是完美的，也存在一些局限。比如，它忽略了孩子的发展水平和认知能力，而这会影响孩子如何解释观察到的行为。而且它只突出了直接环境和直接的观察模仿对孩子的影响（如观看暴力行为视频），把孩子放在了完全被动学习的位置，忽略了孩子的独特性和主动性。

"言传"和"身教"哪个更重要？

班杜拉经典理论

班杜拉的社会学习理论很好地诠释了父母的榜样示范对孩子行为的重要影响。班杜拉通过一系列实验来证明这一榜样示范效应。

社会实验室

班杜拉的第一个研究随机选取了两组学龄前儿童，一组为实验组，另一组为控制组，并安排实验组儿童观看成人对塑料充气娃娃进行攻击（包括拳打、脚踢、骂脏话等）的场景，而控制组的儿童观看成人平静地与充气娃娃玩耍的场景。然后实验员将两组孩子带到相似的房间，里面也有一个一样的塑料充气娃娃，还有一些其他的玩具。实验员就在房间外的单向玻璃面前观察儿童进到房间之后的行为。结果发现，实验组儿童的攻击性行为比控制组的儿童明显多得多；并且观看同性别的成人榜样行为之后，儿童的攻击性行为更多。

后来，班杜拉为了比较不同行为方式的榜样影响，又做了以下实验。实验者首先让小学三、四、五年级的儿童做一种滚木球游戏，他们能在游戏中得到一些现金兑换券作为奖励。随后，实验者把这些儿童随机分成四组，每组有一个扮作榜样的实验助手参加。在第一组里，助手扮演的角色是一个自私自利者，他劝说儿童要把好东西留给自己，同时也带头不把现金兑换券捐出来；在第二组里，助手扮演的角色是一个好心肠的榜样，他向儿童宣扬自己得了好东西还要想到其他人，并且带头把现金兑换券捐献出来；在第三组里，助手扮演的角色是一个言行不一的人。他虽然嘴上说要把兑换券捐出来，但实际上却没有这么做；第四组的助手则和第三组相反，他嘴上说要把好东西留给自己，但实际上却把现金兑换券都捐了出去。结果发现，第二组和第四组的儿童捐献的现金兑换券比第一组和第三组明显更多。这说明，虽然榜样的口头劝说可以影响儿童，但其实际行为的影响力更显著。

本土研究

我们在 2019 年对初中生进行的一项调查研究也证实了"身教大于言传"这一结论。在这个研究中，我们对 768 名初中生进行问卷调查，探讨父母监控与青少年自我控制的关系，同时考查父母自我控制的调节作用。结果发现，父亲自身的自我控制水平在父亲监控与青少年自我控制的关系中起调节作用：当父亲自身的自我控制水平较高时，父亲监控可有效提升青少年的自我控制水平；但是当父亲自身的自我控制水平较低时，父亲监控对青少年自我控制的预测作用不显著。可见父亲的"身教"比"言传"对初中生的自我控制影响更为重要。如果父母在养育孩子的过程中出现更多的体罚、责骂、敌意甚至是心理控制（通过威胁等方式让孩子听自己的）等不良教养方式，可能会导致儿童的攻击行为增多（贾守梅，2013；Lee，Baillargeon，Vermunt，Wu，& Tremblay，2010；Tremblay，2004）。

有的父母会很困惑，为什么明明告诉了孩子好的行为标准，希望他们按照这个标准去做，却是父母自身的行为对孩子的影响更大呢？早在 20 世纪末，意大利帕尔马大学的研究者就发现了镜像神经元（Rizzolatti，Giacomo，Craighero，& Laila，2004），正因为这些神经元的存在，我们拥有了模仿能力，这些神经元帮助我们模仿观察对象的动作、语气、神态，并作出相似反应。父母是与孩子接触最多的人，孩子行为的习得也大多是通过镜像神经元模仿父母所得。因此，作为父母，如果希望孩子有正向积极的行为，更应该以身作则，用自身的好行为去影响孩子，而不仅是通过言语的要求或说教。

案例中的奇奇在耳濡目染中，不知不觉地习得了父母的很多行为方式。其实在奇奇父母的婚姻亮红灯之前，他们之间的相处模式就已经存在隐患。虽然在此之前，夫妻之间争吵没那么频繁，但只要一有冲突，就会很激烈，互相指责和诋毁。在这样的环境中，生性敏感的奇奇好像自然就吸附了父母的"负能量"，习惯用情绪爆发的方式解决问题，而不是心平气和地协商。当父母之间的冲突和争吵变得越来越频繁之后，奇奇在家里发脾气、砸东西的频率也越来越高，而"观察学习模式"在奇奇身上不仅体现在情绪失控上，还体现在行为模式和语言上。例如，奇奇在跟父母、跟好朋友相处的时候，遇到问题时都会用语言攻击和肢体攻击的方式来解决，甚至用爸爸骂妈妈的话去质疑妈妈，用妈妈抱怨爸爸的话去挑战和攻击爸爸。父母看到奇奇的打人和骂人行为之后，也会严厉批评他，告诉他这是不对的；而奇奇在自己恢复理智之后，也会非常自责，知道不应该那样说爸爸妈妈，不应该砸东西，更不应该打人。尽管学到父母这些不好的行为并非奇奇想要的，但他还是会不断重复这样的行为。奇奇不止一次在家里摔东西，跟妈妈起冲突的时候动手打妈妈，在学校跟同学打架，事后他会极其后悔，知道自己做错了，也会真诚地跟妈妈道歉，跟同学和解，但这样的行为模式却像着了魔一样，周而复始。

父母意识到问题的严重性之后，开始尝试改变彼此之间的沟通方式，减少争吵和相互攻击的频率。经过很长一段时间，奇奇的情绪爆发和攻击行为才开始慢慢变少。父母榜样示范的力量如此之大，在奇奇身上体现得淋漓尽致。

02

第三人的卷入

从生态系统理论看成长环境

随着对父母冲突领域研究的深入，研究者们不再局限于家庭内部不同亚系统（夫妻关系、父子关系、母子关系）之间的相互影响，他们开始从更加宏观而系统的视角解释父母冲突对儿童青少年心理行为的影响。

生态系统理论由 Bronfenbrenner（1974）提出，该理论认为个体的心理发展是在多个环境的交互中发生的，简单的系统（如同伴）嵌套在复杂的系统（如学校、社会）中。因此，一个孩子是家庭系统的一部分，同时也是更大的社会系统（如学校和社区）的一部分。当我们在谈论一个孩子的发展时，应该充分考虑他所处的各种自然环境和社会环境，从更广泛的系统角度、在不同的情境中理解孩子的成长。生态系统理论为我们提供了一个更广阔的视角，教育也不再只是家庭或学校单独的任务，而需要多个层面的协同努力。现在我们通过案例 3-2 来诠释生态系统理论的观点。

案例 3-2　处在两个原生家庭裂痕中的孩子

小溪生活在一个看起来很幸福的三口之家，爸爸妈妈都很爱她，但父母之间频繁的争吵很多时候让她苦不堪言。其实小溪的父母之间感情很深，只要不提各自的原生家庭，他们其实没什么矛盾。但很巧的是，小溪的妈妈跟奶奶一家人关系不和，小溪的爸爸跟外婆之间关系也非常不好。而每当小溪的爸妈因为各自的原生家庭争吵时，小溪又被卷入其中。因为父母怕影响夫妻关系，所以不敢直接跟对方表达对对方原生家庭的不满，最终他们总是把小溪卷入，向小溪倒苦水。日积月累，小溪也是为父母操碎了心，当然这种模式也对她的成长产生了很大的影响，包括性格敏感、情绪不稳定等。

不过，虽然在家庭这个微系统中，小溪感受到很多压力，但她的生活里不只有父母，还会受到老师、同伴以及其他社会环境因素的影响。当她大学选择心理学专业之后，在家庭之外找到很多资源，可以帮助自己更好地应对父母的冲突。在大三那年，小溪家里爆发严重的冲突，起因是外婆到他们家玩。外婆家离她家住得比较近，但是小溪爸爸因为不喜欢外婆所以不愿意开车送外婆回家，而小溪妈妈因为心疼自己的妈妈，就对小溪爸爸很生气。这件事只是导火索，但因此而引出小溪爸妈之间更大的矛盾，牵扯到对两家人的公平对待问题，并且妈妈开始对爸爸进行人格攻击。

这一次，小溪决定运用所学的专业知识召开一次家庭会议，让父母彼此面对面对话，把自己的委屈、想法以及对对方的期待、误解都表达出来。这次会议很成功，爸妈都觉得在小溪的引导下，这次沟通的效果很好，并愿意沿用这个方式。在这之后比较长的一段时间里，他们都发生了明显的改变。父母改变之后，受益者自然是小溪了，她不用再去当父母关系的调停者，觉得轻松了很多。当然，心理学不仅帮助小溪改变了父母，也让小溪自己变得更强大，她会不断内省和反思，站在旁观者的角度看待父母对自己的影响以及卷入父母关系对自己的影响，从而有意识地调整自己，慢慢地，自己的免疫力也提高了。

思考：小溪父母之间的冲突跟周围的环境有哪些关联？小溪又是如何通过自己的方式解决父母之间的冲突的？

生态系统理论使用分层结构来描绘生态环境，包括微系统、中系统、宏系统和外系统（详见图 3-1）。

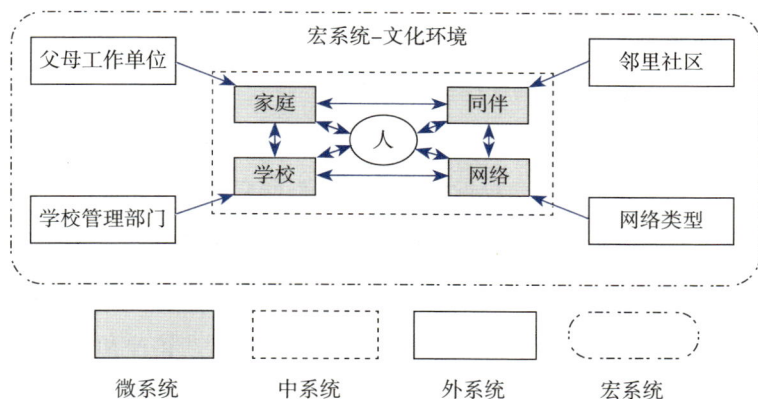

图 3-1　生态系统理论的行为系统模型

（1）微系统（Microsystem）

最简单的水平是微系统，主要指与孩子密切接触的环境因素，包括家庭中的亲子互动、夫妻关系以及学校中的同伴交往、师生关系等。布朗芬·布伦纳强调，所有的关系都是双向的，成人影响着孩子的发展，孩子也会反过来影响成人的反应（刘杰，孟会敏，2009）。例如，父母冲突和孩子心理问题之间存在着双向互动关系，一方面，高水平的婚姻冲突增加了孩子出现心理行为问题的可能性；另一方面，如果孩子存在生理（如残疾）或心理（如自闭症）方面的问题，也可能反过来加剧夫妻之间的冲突（Lindahl，1998；Wymbs & Pelham，2010）。

（2）中系统（Mesosystem）

中系统关注孩子所处的不同环境（家庭、学校、同伴等）之间的相互关系，如家校关系。孩子在家庭生活中的经验可能会影响孩子在学校生活中的表现（Parke & Ladd，1992）；同样，他们在学校的经验也会对他们在家庭生活中的成长产生影响（Laird，Jordan，Dodge，Pettit，& Bates，2001）。这就是学校和家庭两个系统的相互影响，也是近年来提倡家校合作的理论依据。

例如，小文的父母经常在家里吵架，却毫不顾忌孩子的感受。小文苦不堪言，恰巧学校近期举办了一系列家庭教育相关的讲座和体验活动，小文就替自己的父母报了名。小文的父母其实并没有心情去听什么讲座，参加什么亲子活动，但是孩子学校的事情，他们也不好意思拒绝。庆幸的是，在参加完学校的这些讲座和体验活动之后，小文的父母才意识到原来夫妻之间的矛盾竟然给孩子带来这么多的伤害和痛苦，同时也学会了一些解决夫妻冲突的方法。这一家庭和学校之间的互动，就慢慢地影响了夫妻之间的关系，改变了整个家庭的氛围，小文的困扰也明显减轻了。

中系统的另一个重要概念是生态转换（Ecological Transition）。生态转换被认为是"角色的成功转变和每个人都会在一生中经历的环境变化"（Bronfenbrenner，1977），包括新生儿的出生、分离、上学、搬迁等。处于生态转换时期的家庭关系更加敏感脆弱，家庭内部矛盾也更加突出。不得不提的是，新生儿的出生，对于父母及他们的婚姻来说都是相当难熬的一个阶段。美国精神医学学会（APA）在 2019 年年会中指出，对超过 16 万名女性开展的调查发现，超过一半人在产后存在大大小小的抑郁症状，即使是在产后 6～12 个月的阶段，存在抑郁风险的比例仍然高达 52.2%。还有研究发现，约 1/4 的母亲在孩子 1.5 岁时有高水平的抑郁症状，1/5 的母亲在孩子 3 岁时有抑郁症状（Horwitz，Briggs-Gowan，Storfer-Isser，& Carter，2007；Mclennan，Kotelchuck，& Cho，2001）。而母亲抑郁可能通过父母冲突增多对新生儿问题行为产生影响，抑郁母亲自身的特质可能使其对婚姻更加敏感，满意度更低，婚姻冲突更多，进而影响亲子关系，导致孩子不安全依恋的产生，长大后孩子更容易表现出更多的问题行为（Henderson，Sayger，& Horne，2003；Cummings，Keller，& Davies，2010）。因此，在这个阶段，丈夫对妻子的理解、体谅和关心显得尤为重要。随着我国三胎政策的放开，越来越多的三口之家会进入四口之家甚至五口之家的模式。新成员的到来，在给家人带来欢乐的同时，也可能增加夫妻冲突和矛盾，而这种矛盾如果处理不好，最终遭殃的就是孩子，而且不止一个孩子。

（3）外系统（Exosystem）

外系统是中系统的延伸，它包括了可能影响但是又不直接影响孩子的因素以及各因素之间的交互作用，比如政府和媒体的影响、父母的工作环境和家庭的关系、学校和邻居的关系等。一个良好的社区环境有利于降低父母冲突对孩子的消极影响，例如，有年龄相近的同伴一起学习玩耍、社区举办面向儿童青少年的教育活动等。但邻居也有可能对孩子造成不好的影响，比如离异家庭的孩子可能面临着一些不好的社会评价，邻居可能会表现出"这个孩子好可怜"

或"单亲家庭的孩子有问题"等言语或非言语的态度，即使没有在孩子面前直接说，也有可能在无形间增加孩子的羞耻感，进而对孩子产生影响。

在这个系统中，工作-家庭冲突是研究者们关注的重点。父母在工作中产生的消极情绪可能会"迁怒"到孩子身上；工作时间过长，压力过大，也会导致家长没有足够的精力和时间陪伴和教育孩子，或者将对待同事和下属的不当方式转移到孩子身上。研究表明，工作中的不愉快心情很容易传递到家庭中，影响整个家庭的氛围（Williams & Alliger，1994），工作-家庭冲突也会降低夫妻的婚姻满意度（周春燕等，2018）、家庭满意度（Turliuc & Buliga，2014），让孩子成为工作压力的间接"受害者"。

(4) 宏系统（Macrosystem）

最后一个结构是宏系统，它包括了主导一切制度的文化或者亚文化，比如经济、社会、文化、教育、法律和政策系统。这些因素共同形成了一个框架，规定了应该如何对待儿童，教给他们什么知识以及儿童应该努力的目标（Bronfenbrenner, 1994）。在不同文化中，夫妻相处之道、教育孩子的理念等方面都是存在差异的，而这些观念会渗透到微系统、中系统和外系统中，直接或间接地影响儿童知识经验的获得及发展（刘杰，2008）。例如，在角色分工方面，日韩两国的全职太太很普遍，妻子更多担任家庭照料者的角色，夫妻分工明确；而我国多为双职工家庭，女性获得更多话语权的同时，夫妻双方也都承担了更多工作-家庭的双重任务，出现工作-家庭的冲突的可能性也会更大，而这一压力关系若没有处理好，就会增加家庭中夫妻之间的矛盾，最终给孩子的成长带来不利影响。在冲突表达方面，拉丁美洲和亚洲文化背景的地区更不支持直接的冲突表达

(Uba，1994)，为了保持和谐的关系，父母可能会采用微妙的、回避的和迂回的方式解决冲突 (Sue，1981；Trubisky，Ting-Toomey，& Lin，1991)；而西方国家则在面对冲突的时候更加外向和直接 (Bowlby，1979；Bretherton，1995；Cassidy，1988；Main，Kaplan & Cassidy，1985)。

总体来说，生态系统理论认为，每个孩子的成长都离不开环境的影响，并且离孩子越近的环境因素影响越大，越远的环境因素影响越复杂，而远端的环境因素会通过近端的环境因素对孩子的成长和发展产生递进性的影响。我们可以把父母的影响比作沙滩近处的海浪，而近处的海浪无时无刻不在接受远处大海的"推波助澜"。

03

破圈

父母冲突如何影响
孩子的其他人际关系

破圈1——亲子关系

奇奇父母之间的冲突不仅给儿子树立了不良的榜样示范，而且当父母之间充满敌意和攻击之后，亲子关系也受到了影响。有研究者发现，父母的不良示范行为容易体现在亲子互动的过程中，并对亲子互动方式产生影响，进一步影响亲子关系（张栋玲，2010）。例如，当奇奇父母在孩子身上看到对方的影子时，就会情不自禁地将对彼此的怨气和怒气撒在孩子身上，而消极的亲子互动会进一步导致孩子不良行为的增加。奇奇的爸爸在访谈中频繁提到："我儿子处理问题的方式跟他妈妈一模一样，抱怨、发脾气、打人"，所以当他看到儿子类似的行为时，就更加来气，就有特别强烈的冲动，想马上给儿子指出这一毛病，然后立即给他纠正过来。同样的，奇奇的妈妈也坚定地认为，奇奇之所以会跟别人发生肢体冲突，都是他爸爸教出来的结果，所以当儿子出现攻击行为的时候，妈妈也经常会不由自主地"指桑骂槐"，而这一行为又在无形中让奇奇形成模仿学习。

Cox 和 Paley（1997）认为，家庭是一个系统，父母婚姻冲突带来的消极后果会破坏正常的亲子交往。当父母发生冲突时，有的父母甚至会直接将攻击行为指向子女，或以其他方式将冲突的压力转嫁给子女，原本良好的亲子关系就会遭到破坏。因此，婚姻冲突很容易转化为亲子冲突。Cummings（2006）认为，当子女认为父母间的冲突是因他而起时，有可能主动介入父母之间的紧张状态。孩子觉得自己被夹在父母中间，心中倍感压力，处于迫切想改变家庭现状与不知道如何去改变的矛盾中，感到苦闷、烦躁，更容易触发亲子冲突，因为当父母没有为孩子提供一个安全和稳定的环境时，孩子更可能把内心的不安全感和负性情绪在与父母相处的过程中表现出来，从而引发亲子冲突。因此，不管是父母还是孩子，在父母冲突的紧张氛围中，情绪爆发的阈限都会更低，从而更频繁地在亲子之间爆发战争。

在家庭这个大系统的背景之下，父母亚系统和亲子亚系统之间是相互影响的，父母亚系统的情绪和行为会迁移到亲子亚系统之中（Gerard，2006）。当夫妻之间总是冲突不断的时候，他们不得不将更多的精力放在处理彼此的矛盾和冲突上，情绪自然也不够好，当面对孩子时，自然而然就没有耐心；当孩子在学校无论是出现学习还是人际关系上的问题时，他们都很难心平气和地去跟孩子沟通，了解问题的缘由，而是用更简单粗暴的方式教育孩子，父母在面对孩子的问题时，更倾向于直接指出或指责孩子的问题，训斥甚至体罚都会增多，却没办法花足够的精力和时间去思考如何采取更恰当的方式引导孩子表现出与问题相对应的积极行为。

奇奇妈妈回忆时说道："我们感情出问题之前，夫妻俩虽然会有争吵，但还是有很多正面的沟通，在教育孩子的时候也会互相商量，虽然偶尔会跟孩子起冲突，但大部分时间我们亲子关系是和谐的，也有很多深层次的情感交流；当我们的冲突越来越多、越来越激烈之后，我明明知道在这种情况下，孩子很可怜，我们应该给孩子更多耐心和安慰，却经常控制不住自己，会对孩子发火，会吼他，因为那个时候我连自己都顾不了，根本不可能放下一切去照顾孩子的情绪。每次冲孩子发完火之后我都特别后悔，冷静下来之后，我也会去找儿子谈心，但是之后总会以同样的模式继续循环。"

我们在 2014 年开展的对高中生的研究发现，父母冲突也会对青少年的亲子依恋和亲子沟通产生负面影响。具体而言，父母冲突水平越高，父子依恋和母子依恋的水平越低；父母冲突水平越高，亲子之间的开放式沟通越少，但是问题式沟通越多。我们在 2015 年对初中生进行的问卷调查结果显示，高水平的父母冲突可以预测更高水平的亲子冲突。此外，我们在 2013 年对初中生进行的另一项关于父母关系、亲子关系和青少年网络成瘾之间影响机制的调查研究发现，父子依恋和母子依恋在父母冲突对青少年网络成瘾的影响中起完全中介作用，可见父母关系对青少年网络成瘾的影响主要是通过亲子关系产生的间接影响。这些研究数据告诉我们，父母之间的良好关系和示范对儿童青少年心理行为问题有比较好的保护作用，父母应该尽量避免在孩子面前产生冲突，尽量避免将对伴侣的情绪带入和孩子相处的过程中。

破圈 2——同伴关系

儿童的家庭关系为青少年期的同伴关系提供强有力的情感基础，经由社会化过程形成的很多品质会被带到同伴关系中（Fuligni & Eccles，1993）。相关研究发现，在父母冲突频率高的环境下成长的儿童，在同伴关系中往往表现出更多的攻击性（David & Murphy，2007；Caldera & Tankersley，2009），而小时候目睹父母冲突越多的青少年则越有可能在恋爱关系中把攻击性当成正当行为，并且对恋人表现出更多的攻击性行为（Kinsfogel & Grych，2004）。还有研究者提出，父母冲突容易使子女产生一种信念，认为攻击行为是解决问题的主要策略，从而增强儿童的攻击信念（Tapper & Boulton，2004），并产生更多的攻击行为（Bandura，1986；Poteat，Kimmel & Wilchins，2011）。攻击信念是关于个体对攻击行为是否可接受或正确的认知（Huesmann & Guerra，1997），它在青少年的攻击行为中起着重要的作用。父母冲突不仅为孩子提供了不良的人际交往模板，同时使孩子更容易接纳"攻击是解决问题的主要策略"这一信念，从而使其产生更多的攻击行为（Bandura，1986）。Tapper 和 Boulton（2004）的研究则发现父母冲突可能会增强儿童对攻击行为的工具性认知，从而增强儿童的实际攻击行为。因此，父母冲突中的攻击或敌意行为会为青少年解决冲突提供不当的榜样示范，青少年可能学习到"攻击是处理争执的可行之道"的信念，并在他们的人际交往过程中体现出来。

俞国良等人（2000）研究发现，与父母冲突较少的儿童相比，长期处于父母冲突关系中的儿童在建立同伴关系方面存在更大的困难。陈红香（2012）的研究发现，儿童对父母婚姻冲突的感知越强烈，他们的同伴关系越差。我们在 2017 年的一篇文章里探讨了父母冲突与初中生同伴欺负行为之间的关系。结果发现，欺负者和受欺负者相对于未参与欺负的初中生来说，其父母冲突强度更大、解决状况更糟糕，并且母子冲突是初中生感知的父母冲突与同伴欺负行为 / 受欺负之间的中介变量，起完全中介作用。

王娟（2015）的研究表明，父母冲突处理策略对青少年同伴冲突处理策略的预测作用显著，母亲和父亲的婚姻冲突交战策略和积极解决策略分别显著预测青少年的同伴冲突交战策略和积极解决策略。对孩子来说，若观察到父母间的婚姻冲突不能很好解决，则他们在同伴交往中也不会很好地化解冲突，这将进一步影响孩子的同伴接纳和朋友数量。反之，若父母之间虽然有冲突，但冲突都能很好地解决，则这种冲突就不会给孩子的社会交往造成明显的不利影响。这与 Davis（2000）提出的建设性冲突与破坏性冲突的研究结果一致。只有破坏性冲突容易导致儿童情绪障碍、社交障碍与行为问题，而建设性冲突能最小化甚至消除对儿童的不良影响，儿童可以通过观察学习获得解决冲突的策略与技巧，从而提升情绪安全感、家庭关系稳定感、幸福感，以此习得他们自己的人际冲突解决方案。我们在 2015 年对大学生开展问卷调查时发现，父母冲突对大学生的宿舍关系也会产生影响：父母冲突与不同类型的宿舍冲突解决方式之间的关系不同，父母冲突水平越高，大学生越容易采用消极的宿舍冲突解决方式（顺从、回避和竞争）。

而父母冲突不仅会影响孩子的同伴关系，还可能影响未来的恋爱关系和婚姻关系。

破圈 3——恋爱关系和婚姻关系

案例 3-3 "救世主" 丈夫也没法避免成为家暴牺牲品

玉松与文娟经朋友介绍认识，双方竟然都一见钟情，感觉相见恨晚，并在谈恋爱不到半年时就决定结婚。夫妻俩可谓是郎才女貌，在外人看来是非常般配的一对儿。在刚结婚的时候，他们之间也是浓情蜜意，感觉是最幸福的夫妻。那时，文娟就经常跟玉松讲自己的"悲惨"经历，因为她的妈妈脾气非常火爆，经常跟爸爸吵架，还会动手，甚至会拿着菜刀满屋子追着爸爸打。她从小在这样的环境中长大，特别没有安全感。每当文娟讲起自己小时候的经历，玉松的"保护欲"就会油然而生，并且一再跟文娟保证，他一定会好好呵护她，不会让她再受一点委屈。结婚后不久，文娟就怀孕了，从前显得特别柔弱的她，突然变得脾气很大，动不动就发火，玉松总是要花好久才能把她哄好。玉松觉得老婆肯定是因为怀孕带来的各种不适以及激素的影响才会如此情绪多变，所以一直谦让她，他认为等孩子生了就好了。然而，孩子出生之后，夫妻俩的关系并没有缓和，反而冲突越来越频繁，文娟情绪失控的频率越来越高，甚至不止一次在情绪激动之下将丈夫打伤。

思考：为什么案例中的文娟从小最痛恨妈妈对爸爸的暴力，却最终在自己的婚姻里活成了妈妈的样子呢？

婚姻暴力波及的不仅是夫妻双方，还有家庭中的孩子，以及孩子成年后的伴侣。亲密伴侣暴力（Intimate Partner Violence，IPV）存在着代际传递，即夫妻或者亲子间的攻击行为传递给孩子，孩子成年后在新的家庭中表现出对伴侣或孩子的攻击行为，或者成为受害者。

因接触父母之间的婚姻暴力，孩子很小便可能表现出一些问题，包括身体上、心理上和发展上的问题。如果不进行干预，这些问题可能会延续到青春期和成年期（Ernst et al., 2009）。在成年初期阶段，他们可能一边目睹父母间的暴力，一边在约会关系中对伴侣表现出暴力行为（Black，Sussman，& Unger，2010）。Kinsfoge等人（2004）发现，孩子从小目睹的父母冲突越多，越容易在恋爱关系中表现出攻击性行为，并认为这种行为是正常的。我们对大学生开展的研究发现，父母之间的婚姻冲突与大学生的恋爱冲突及冲突解决模式之间均存在显著的正相关关系：父母之间的冲突越频繁、强度越大、解决状况越糟糕，其子女在恋爱关系中也更容易出现冲突，并且在出现冲突之后更容易采用消极的方式去应对。

经历原生家庭的暴力会影响个体对亲密伴侣的暴力行为，而且这样的现象存在于各种文化背景中（Stith et al., 2000），在我国也并不少见（Hou，Yu，Fang，& Epstein，2016）。父母间婚姻暴力与孩子的婚姻暴力行为之间的关联有多大呢？研究发现，男性在童年期目睹过婚姻暴力与其成年后婚姻暴力行为相关（Murshid & Murshid，2018）。童年期目睹过父母家庭暴力的人，在成年后成为施暴者的概率比其他人增加了1.7倍甚至3倍（Ernst et al., 2009）。尽管目睹过父母暴力的人更可能成为施暴者而不是受害者，但是在受害者身上也存在类似的代际传递。童年期目睹过父母家庭暴力的女性，在成年后经历亲密关系暴力的概率比其他人高出2.4倍（Islam，Tareque，

Tiedt，& Hoque，2014）。

为什么婚姻中的暴力会传递给下一代？为什么在孩子身上会重复家庭的悲剧？

从社会学习理论的角度来说，孩子在很小的时候就能通过观察和模仿习得暴力行为，表现出更多的攻击性和反社会行为（Goodman，2006）。他们会形成一种态度，认为使用暴力来解决冲突是正当的（Edleson，1999）。目睹了父母间暴力行为的孩子更可能认为暴力是正常的，成年后就更有可能在子女面前表现出暴力行为或者受到家庭暴力，成为施暴者或受害者。

怎么办

身教大于言传，父母
如何为孩子树立榜样？

社会学习理论告诉我们，父母的"身教"大于"言传"，儿童青少年在发展自身的人际关系时更倾向于模仿父母的行为，父母在夫妻冲突中表现出的敌意或攻击行为都会影响儿童青少年与他人交往时的行为模式，即儿童青少年感知到父母之间冲突时的敌意或攻击行为后便有了"攻击他人是合理的"信念，并采取相似的行为模式与他人交往。作为父母，要成为孩子的积极榜样，能够做些什么呢？

①避免在孩子面前产生冲突

要尽量避免在孩子面前产生冲突，不要在孩子面前吵架，可以事后只有夫妻两个人的时候再一起讨论产生冲突的事情。

②采取建设性的方式解决冲突

是不是只要在孩子面前不吵架就行了呢？儿童青少年对于婚姻中父母的冷战也很敏感，非言语的争吵也会给孩子带来不良的影响。有研究表明，父母之间的冷战会明显影响孩子的行为和情感上的安全感。当长期暴露在未解决的冲突下，孩子更可能在人际交往中出现打架等暴力行为以及表现出痛苦、易怒和敌意的迹象。因此，减少在孩子面前发生冲突并非防止儿童青少年出现心理和行为问题的最佳办法，而是需要以合理的方式解决冲突，让孩子学习有效解决人际关系矛盾的策略。

③引导归因、安抚与澄清

父母要尽量减少冲突并不意味着父母不能在青少年面前发生冲突，如果父母能够采用建设性的冲突解决策略解决夫妻冲突，对孩子来说是一个良好的示范，因此父母要学会非暴力沟通，真诚地说出事实、感受和期待，努力寻找有效解决问题的方法，避免儿童青少年学习暴力的沟通方式和采用暴力的手段解决冲突。

父母可以正面告诉孩子"我们吵架了"，但也要说明偶尔吵架并不影响父母的感情和关系。处于青春期的孩子都比较敏感，他们能够敏锐地察觉到父母之间的不和。在感知到父母之间的婚姻冲突后，儿童青少年会经历一个自身的调整过程，当儿童青少年认为父母之间的冲突是一件"坏事"或感知到父母间的婚姻不和谐时，他们就容易出现恐惧、焦虑、痛苦等消极情绪，并缺乏情绪安全感。因此，父母感知到儿童青少年对于冲突产生了不安全感时，应该引导孩子对冲突进行合理归因并及时安抚孩子的情绪，避免使其产生内疚感和不安全感，从而导致情绪失调和行为偏差。例如，父母可以对孩子说："爸爸妈妈今天做得不对，不该用这么激烈的方式来解决问题，我们以后会努力改变，用更理性、协商的方式解决问题""爸爸妈妈吵架虽然不好，但吵架有时候也是在沟通，现在沟通好了，我们之间还是很相爱的"。

处于青春期的孩子情绪容易波动，成长环境中的不良刺激很容易引发儿童青少年的攻击情绪。家庭中不可避免会有冲突发生，但父母应该学会用合理有效的方法解决夫妻间的问题和矛盾，为孩子采用非暴力且正确的方法应对人际交往中的冲突树立榜样，也应给予孩子更多的关注和爱护，要最大程度上减少孩子对父母不良行为的模仿，避免夫妻间的冲突对儿童青少年造成不可挽回的伤害。

第 4 章

"怂" 何而来

父母冲突与孩子的情绪安全感

Conflicts
& Growth

案例 4-1　看起来乖巧懂事的小玉为何选择远离家乡？

爸妈在我小的时候就经常吵架，妈妈做事不太细心，爸爸总是很挑剔，说话又很难听，经常说着说着，两个人就吵起来了。在我和弟弟的印象中，家里几乎没有哪天是完全和平的，他们吵架也从来不会避开我们。但我好像并没有因为他们吵架的频率高，就对这样的事情习以为常。直到现在，在他们争吵起来的时候，我也还是会感到紧张和明显的心跳加快。在我的印象中，爸妈产生言语争执是很日常化的，随便一件小事就会有言语争执，爆发特别激烈冲突的次数不算多，但都令我印象深刻。距今最久远的记忆应该是在我 4 岁左右，爸妈在一个晚上爆发了一次特别激烈的冲突，他们互相谩骂，朝对方的地上摔东西，满地狼藉，两个人在推搡过程中，妈妈因为力气小，被爸爸推倒在地，呜呜大哭。当时还很年幼的我，一直在旁边看着这一切的发生，害怕得僵在原地，不敢发出声音，也不敢动。

我上初中之后，爸妈依然维持争吵的常态。不过跟以前不太一样的是，我跟爸爸的冲突开始爆发。因为爸爸不仅对妈妈挑剔，对我也是如此。小学的时候被骂，我不敢为自己辩解，虽然心里很生气，却只会低头默默地哭；上初中之后，我觉得自己比以前更有力量了，终于忍不下去开始爆发冲突，甚至在七、八年级那两年，我跟爸爸的冲突严重到一周都不在一个桌子上吃饭，不说一句话。爸妈之间的冲突加上我跟爸爸的冲突，那两年家里的氛围特别不好，我也越来越不喜欢家里。记得八年级时，有一次我们几个同学聊起如果父母要离婚怎么办。在我们当地，离婚是容易被歧视的。其他人都说，要想尽办法不让他们离婚，只有我说的是，我希望爸妈能赶紧离婚。我真的不明白，为什么他们的关系已经糟糕到这个样子了，还可以继续在一起。

上大学以后，虽然我半年才回家一次，但妈妈跟我打电话的时候会跟我讲家里的事,每次他们发生了冲突,妈妈都会把前因后果跟我讲。其实妈妈讲这些主要是因为她需要找个人倾诉,倒不是说要让我去做什么。但是我真的很不喜欢听她说这些东西,我不明白我为什么都离开家了还摆脱不了这些事情。但妈妈又不会上网,也没有别的人可以听她讲一讲,如果我不让她讲,她该怎么办呢,我只能尽力去安慰她,同时我也越来越讨厌爸爸。每次挂断电话后,我的心情都很糟糕,烦躁又生气,要很久才能缓过来,我真的很不喜欢这种感觉。我自己状态比较好的时候还好,在我自己也不太顺的时候,还要去安慰妈妈,这真的让我很崩溃。我知道,只要我跟妈妈说不想听她讲这个,她就不会说了。但妈妈太可怜了,我没办法说出口。

爸爸不会打电话跟我说这些事情,但我以前在家的时候,在他们激烈争吵完进入冷战阶段后,爸爸都会趁妈妈不在的时候,说妈妈哪里做得不好,然后问我他说的话对不对,想让我赞同他。因为我一直都觉得爸爸的问题更大,所以都是敷衍他几句,从来没有站在爸爸那边。但最让我生气的是,他们不论发生过多少激烈的冲突,对对方说过多么难听的话,互相提过多少次离婚,冲突之后都可以继续过。从大学开始,因为不喜欢家里,我在寒暑假都给自己安排一些别的事情,拖着晚一点回去,回去之后在家待两周就急着回学校。家对别人来说可能是避风港,但对我来说,家不但没有给我带来支持和温暖,还充满了硝烟。我一点也不想管他们之间的事,只想离得远远的,因此我拒绝了父母希望我毕业后回省内工作的建议,选择了离家很远的南方。

除此之外,我也发现了我其他方面受到的影响。一方面,我发现自己特别"怂",不管是面对舍友间的冲突,还是普通同学间的冲突,甚至是路上几个陌生人的冲突,我每次都会心跳加快,手脚发麻,像僵住了一样,从来不敢参与其中去调和。甚至在网络上,每当看见新的回复提示,我都很害怕。面对影响到我的一些违规行为，哪怕在相对安全的学校图书馆、宿舍楼里，我也从来不敢去提醒别人。另一方面，我的朋友跟我说，我在跟他们聊到一些话题的时候，如果他们反驳我的观点，我会特别敏感，声音变大，语速变快，变得很有攻击性。此外，我对婚姻完全没有了期待，我不觉得我可以遇到一个很好的人，拥有宁静幸福的婚姻关系，而且我对另一半的要求变得很高，因为我怕他会跟爸爸一样，我怕自己会被伤害。

——女大学生小玉的自述

思考：父母之间的冲突是怎么一步一步塑造了小玉软弱的性格？小玉又是怎样用自己的方式摆脱父母的"毒害"？

01

不安降临之前

认知情境模型与情绪安全感假说

认知情境模型

1990 年，Grych 和 Fincham 提出了专门探讨父母冲突和儿童问题行为之间关系的理论——认知情境模型（Cognitive-context Model），以此来解释父母冲突对儿童产生影响的作用机制（详见图 4-1）。认知情境模型包含三个要素：

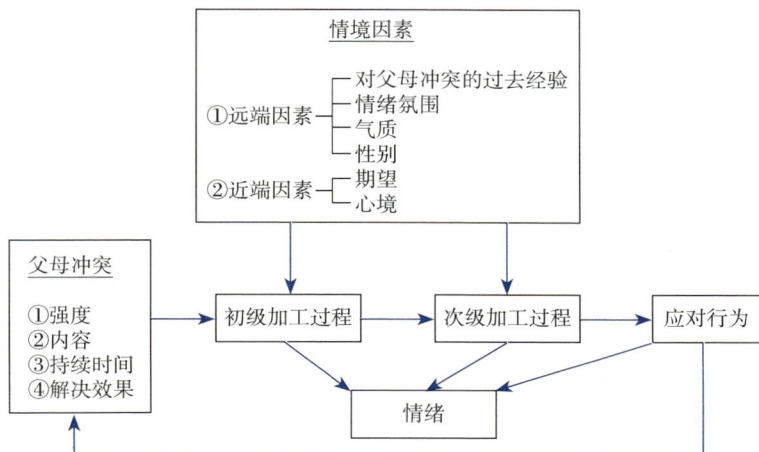

图 4-1 认知情境模型

①父母冲突本身的特征：包括冲突发生的强烈程度、内容、持续时间和解决效果；

②情境因素：包括远端情境（对父母冲突的过去经验等）和近端情境（对当下冲突的预期和理解）；

③儿童自身特征：包括对父母冲突的认知加工（孩子是如何理解和看待父母之间的冲突）、应对行为和情绪反应。

该模型强调儿童认知和情境因素的作用，即认知是在一定情境中发生的并受到过往冲突经历的影响；认为儿童不只是被动接受父母之间关系的影响，而是一个积极的认识主体和问题解决者，即他们会动用自己的头脑去理解并应对父母之间的冲突给自己带来的压力；而对冲突的不恰当归因和应对失败带来的压力是儿童产生问题行为的主要原因。如果儿童认为父母吵架只是因为他们都太累了不想做家务，小孩子可能转头就自己玩了，冲突的危害可能就显得微不足道；但是如果儿童认为父母冲突来源于对彼此的厌恶，他就会对父母的关系和家庭的稳定产生担忧和不安；或者如果孩子认为父母吵架都是因为自己表现不好，就会陷入无限自责，这样的危害就不容小觑了。

在认知情境模型中，父母冲突被认为是一种促使孩子理解和处理冲突的压力源。儿童会通过主动思考产生情绪反应（Affect），并采取应对行为（Coping Behavior）。儿童是如何思考的，他们产生的情绪是剧烈的还是轻微的，这就受到儿童个人特征和情境因素的影响。对于孩子来说，父母冲突发生时他们会思考三个问题，"发生了什么""为什么会发生"及"我该怎么做"。在回答这三个问题的过程中，孩子的思维会经历两个阶段——初级加工阶段和次级加工阶段（Bradbury & Fincham，1987）。

初级加工阶段可以理解为孩子对父母冲突给自身带来的威胁和挑战的评估过程。在初级加工阶段，儿童会观察父母争吵时的语气、音量、动作、持续时间、用词的激烈程度，父母争吵是否涉及与自己有关的内容等方面来感知和判断父母冲突的严重程度与性质。若儿童觉得冲突不那么严重也并不消极，可能就会将注意力转移到其他地方，从而不太会受冲突的影响；若儿童认为冲突有严重的负面意义或与自己有关，比如孩子如果认为"爸妈吵得这么凶，感觉要离婚了""爸爸妈妈可能是因为我才吵架的"，他的神经就会立马紧张起来，就可能会意识到"大事不妙"，并进入下一阶段的加工和处理。

在次级加工阶段，孩子的关注点从父母本身转移到了情境（Bradbury & Fincham，1987），处于这个阶段的孩子会尝试找出为什么会发生冲突（因果归因），谁应该为此负责（责任归因）以及自己是否有足够的能力应对冲突（效能预期），并为解决这次冲突作出自己的努力。此外，次级加工阶段还受到初级加工阶段的情绪唤醒影响，如果在初级加工阶段孩子觉得这件事情很严重，在次级加工阶段，孩子会对这件事情更加重视，但同时过于强烈的情绪反应也会让他们更难对父母冲突作出准确的判断，次级加工阶段的处理情况也会反过来调节孩子的初级情感反应。经过评估后，孩子如果能够对这次冲突的原因、责任以及应对冲突的能力都有很好的把握，如"爸爸妈妈这次吵架是因为家务分配不均匀，只要他们能够制定好分配家务的规则就好了"，就能建立冲突解决掌控感并较好地应对这次父母冲突，进而让自己的情绪平复下来。但如果孩子经过评估后，发现自己只能眼睁睁看着父母争吵，却无能为力，或者夹在父母中间左右为难，就更难对冲突进行客观的责任归因，这样一来，父母吵架就成了一次创伤事件，会进一步恶化孩子的情绪状态。

综上所述，认知评价反映了孩子对父母冲突的主观看法，他们会努力理解冲突发生的过程及原因。威胁评估反映了孩子认为父母冲突对他们的幸福感是否会产生影响，如孩子可能会担心父母的愤怒情绪让自己成为"被殃及的池鱼"，担心冲突难以解决，甚至担心发生家庭暴力（Grych，1998；Grych & Cardoza-Fernandez，2001）。当孩子认为父母冲突是由自己的行为导致的或者认为自己有责任解决父母之间的冲突时，就可能会产生自责感（Grych & Fincham，1993）。父母冲突水平越高，子女的认知评价就越消极，威胁感就越强烈，自责倾向也越明显，越会对"自己能否帮助解决此次冲突"作出否定的评价，这可能导致青少年产生更多的内化问题，自尊水平降低，增加社交焦虑和抑郁的风险（池丽萍，2005；王明忠，范翠英，周宗奎，陈武，2014）。

不过，孩子对父母互动是否有敌意或是否具有攻击性的评估不仅受认知的影响，也受情绪的影响。例如，对于威胁的感知也伴随着担心、害怕等情绪反应，而自责则可能会导致羞耻等消极情绪。因此，即使认知情境模型非常强调认知评价的作用，情绪也是孩子认知加工过程中不可缺少的一环。

案例 4-1 中的女孩小玉讲到，她印象中不管父母之间发生程度比较轻的言语争执还是激烈的肢体冲突，她都不敢去调和，一方面是因为爸爸真的太吓人了，哪怕是言语争执，他的表情和语气也很吓人，让她感到害怕；另一方面她根本无法判断爸妈之间的冲突会升级到什么程度。很多次，爸妈的冲突都是因为很小的事情，但他们争执几句之后爸爸突然摔了东西。两个人冲突的激烈程度好像完全取决于爸爸当时的心情，不是很好预测。但无一例外的是，每次她都觉得父母冲突对自己的安全造成了强烈威胁，再加上她很清楚父母冲突的原因与她无关，也不是她可以轻易解决或控制的，所以出于自我保护，她通常不敢去做什么。她提到，"除了父母冲突本身带给我的恐惧情绪之外，自责感带来的自我厌弃也一直困扰着我。在父母的冲突中，我一直都认为主要是爸爸的错，是他太挑剔了，喜欢翻旧账，讲话也很难听，妈妈才会反驳他。在争执过程中，妈妈也一直处于弱势，我觉得我应该去帮她的。尤其在我长大一点之后，我本可以做点什么去帮她的，但爸爸发火的时候太可怕了，我 4 岁时对他的恐惧好像一直持续到了现在，哪怕我已经上高中甚至大学了，还是怕得僵在原地什么都不敢做。但在冲突结束之后，我都会很自责，觉得很对不起妈妈，恨自己这么胆小。"

在这个案例中，父母冲突对孩子来说成了无法控制的事情，她觉得自己没有能力改变这种糟糕的局面，她变得自责、敏感、胆小。

情绪安全感假说

1994 年，Davies 和 Cummings 基于认知情境模型和依恋理论提出情绪安全感假说（Emotional Security Hypothesis），该假说更加强调情绪在父母冲突对孩子产生影响的过程中起的作用，认为父母冲突会降低孩子在家庭环境中感知到的情绪安全感，而过低的情绪安全感会导致孩子出现各种适应问题，也就是说，孩子的情绪不安全感在父母冲突与孩子的适应问题之间起到中介作用（Davies & Cummings，1994）。情绪安全感假说（见图 4-2）认为，维持和增加情绪安全感是个体发起行为的重要目标，情绪安全感具有表达内在感受、引导行为和进行认知评价三项功能，可以通过情绪反应、调控行为和内部表征呈现。

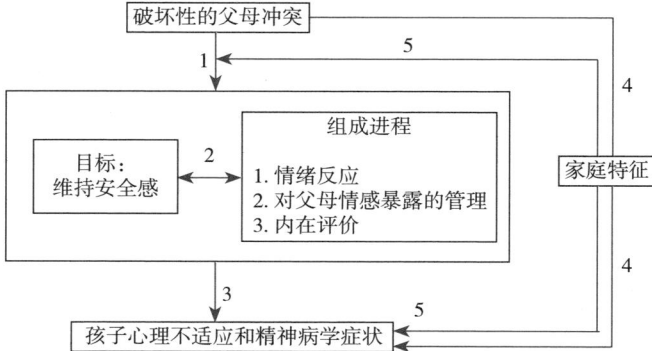

图 4-2　情绪安全感假说模型

①情绪反应是指孩子在父母冲突下会出现害怕、警觉、沮丧或敌对情绪，且消极情绪体验越强烈，持续的时间越长，越容易出现情绪失调；

②调控行为是指不安全的情绪会影响孩子涉入父母冲突的意愿，引发孩子出现调解父母冲突的行为；

③内部表征是指孩子对父母关系或家庭关系的评估，不安全的内部表征包括：认为自己是糟糕的，家庭是无可救药的，并因此出现较多消极情绪（Davies & Cummings，1994，1998；王明忠等，2014）。

情绪安全感假说认为，子女的社会适应能力受到他们在家庭中得到的安全感的影响。父母间的冲突会给子女带来情绪压力，尤其是高频率、高强度、破坏性的冲突会增加子女的负面情绪和不安全感。长期的负性情绪状态会对子女的身心发展产生不良影响，从而导致一些内外化的问题行为。

案例 4-1 中的女孩小玉自述道：

"上大学的时候，有一次我的两个舍友发生了冲突，我发现我还是什么都不敢说、不敢做，哪怕她们是我大学阶段关系最亲近的两个人。在面对其他人的冲突时，恐惧情绪会支配我的行动，让我心跳加速、手脚发麻，不敢说话，也不敢动，冲突结束后我也会需要半个小时以上才能恢复平静。就连每次在网络上发表评论的时候，我都胆战心惊，再三修改措辞，以免被别人揪住弱点。发完之后，总要忍不住去看一看有没有人回复我，看到新的回复提示，我的心就会猛地一跳，哪怕我知道我是对的，哪怕有更多的人赞同了我，也不能抵消一条反驳带给我的负面情绪。在网络这种匿名的情境中，我因冲突产生的恐惧情绪好像会更严重。哪怕在学校图书馆学习的时候，有同学的耳机没插好有声音出来打扰到我，我也不敢去提醒；哪怕别人占了我在图书馆系统选的座位，我也不敢和对方讲，都是自己默默地重新选座。爸妈之间永无休止的冲突，总是让我处于强烈的不安全感中，我对所有可能发生的'冲突'感到恐惧，总是不由自主地选择忍受而避免跟任何人发生冲突。这也让我养成了谨小慎微的习惯，很容易担心自己说错话或者做错事，让自己陷入危险之中。"

女孩的忍受是一种迫不得已的选择，这导致她在另一些时候特别容易被激怒，情绪易激动，攻击性也会比较强。在跟身边认识的人，尤其是比较熟悉的人交流的过程中，她很容易因为别人反驳自己的观点而表现得咄咄逼人，语速加快、声音变大，表现出很强的攻击性。有研究也表明，父母冲突导致的情绪不安全感，可能会导致 9 ~ 18 岁的孩子在两年之后产生适应问题（Cummings，Schermerhorn，& Davies，2006）。

　　情绪安全感假说认为，情绪安全感受到多重路径的影响，既受父母冲突的直接影响，又受父母冲突环境下教养方式、依恋关系或者其他家庭互动（如和兄弟姐妹的关系）的间接影响，这一切最终影响孩子的心理适应和身心健康（Cummings & Davies，2010）。

　　很早以前有一部非常热门的电视剧《中国式离婚》，剧中的男女主角总是有吵不完的架，而且无论是言语上的冲突还是肢体上的冲突，都毫不顾忌孩子是否在场。在剧中有一幕，夫妻俩再一次争吵，妻子歇斯底里地吼叫并疯狂地砸东西。本来在房间里睡觉的儿子，被父母争吵和摔东西的声音吵醒，害怕得只能紧紧地裹着被子，把自己整个身体都埋进被子里，企图通过这样的方式来自我安抚。可见在孩子面前，频繁且高强度的冲突会一次次地挑战孩子的安全感，让其产生强烈的焦虑和恐惧情绪。最后，这个孩子不得不到厨房拿刀伤害自己，以试图制止父母的争吵。

案例 4-2 为何弟弟比哥哥更没有安全感？

黄先生和刘女士家有两个儿子，大儿子 9 岁，小儿子快 3 岁了。最近一直困惑刘女士的是，同样的基因，同样的环境，怎么两个儿子的差别这么大呢？她觉得大儿子从小情绪比较稳定，不那么黏人，遇到不顺心的事情也很少大哭大闹，但小儿子的安全感更差，更需要人陪伴，也更容易哭闹，尤其是 2 岁之后，这种情况越来越明显。

刘女士向心理学专业的朋友求助。经过一番畅谈之后，她恍然大悟，原来两个儿子的差异源于他们夫妻俩的关系发生了变化。大儿子出生的时候，夫妻俩感情一直很好，两人之间的沟通很顺畅，遇到家里的大事小情都会互相商量，即使遇到矛盾或冲突，也能坐下来心平气和地交流、协商，从未在大儿子面前发生过争吵。正是因为有这样和谐的氛围，他们在二胎政策放开之后果断地决定再要一个孩子。

也许是因为养育大儿子的过程太顺利了，并且在决定生二胎之前，夫妻两人并没有就二胎出生之后如何分工合作进行过充分的探讨并达成一致意见。当小儿子出生后，在刘女士看来，黄先生没有履行"合约"，他非但没有因为家里多了一个小孩，投入更多的精力来一起参与家务和照顾孩子，反倒更频繁地往外跑，还迷上了打牌。尤其是在小儿子 1 岁之后，夫妻之间的争吵明显增加。

因为大儿子在上学，所以夫妻俩经常会在小儿子面前发生争吵。每当父母之间发生争吵的时候，旁边的小儿子就会害怕，会哭闹。当父母停止争吵之后，小儿子就会表现得更黏人，对大人的情绪和一举一动都更敏感。意识到这一影响之后，夫妻俩开始调整。一段时间之后，他们明显感觉到小儿子的情绪更稳定，哭闹变少，黏人的行为也变少了。

思考：为何弟弟比哥哥更没有安全感？弟弟后来又是如何变得情绪稳定的呢？

02

越亲近的人伤你越痛

父母冲突对儿童青少年情绪的影响

大量的实证研究证实了父母冲突会给儿童青少年带来消极情绪及不适应行为，破坏孩子的安全感。

社会实验室

美国费城儿童指导诊所的研究者 Minuchin 等人（1985）最早开展了对父母冲突与子女负性情绪关系的实验研究。他们设计了家庭参与压力诊断会谈程序，以探究儿童在父母冲突中的作用以及冲突对儿童的生理影响，程序由三个阶段组成：引发父母冲突阶段、加剧父母冲突阶段、讨论和解决父母冲突阶段。研究者们发现，当儿童面对父母冲突并参与到冲突解决中时，他们的情绪唤醒水平逐渐上升（Coyne & Anderson，1988）。这项开创性的研究开启了在家庭背景下关注儿童身心健康的先河，也为后续的父母冲突相关实验研究提供了参考模式。

受此研究经验影响，为进一步探究儿童的情绪变化与父母冲突特性之间的关联，Lee 等人（2010）通过皮肤电传导和心率传感器测量了来自 20 个家庭的儿童（6~15 岁）经历父母冲突讨论时的情绪唤醒水平，并对儿童的反馈信息进行编码。研究者从 600 分钟（每个孩子 30 分钟）的父母冲突讨论中获得了 426 分钟的儿童情绪唤醒分数，表明超过 70% 的父母冲突使儿童产生了情绪唤醒。同时，该研究中的所有儿童在父母冲突期间都表现出情绪唤醒的现象，时间长短各不相同，这说明所有受试儿童的情绪均受到其父母冲突的影响。对儿童反馈信息的编码结果显示，在面对父母冲突时，孩子们会出现焦虑、害怕、紧张等负性情绪。该研究还发现，青少年在面对父母冲突时仍会产生很大的情绪波动，但他们可能会压抑自己的负性情绪，掩饰自己对冲突的关注。

　　父母婚姻冲突直接对儿童焦虑情绪产生影响。年幼儿童对父母冲突表现出更多的压力和焦虑情绪，且经历父母冲突的时间越长，越能感受到威胁。他们或是过度卷入父母的冲突，试图直接控制或扭转父母的情感状态，或是回避，对冲突视若无睹。这会使儿童产生不确定感，进而引发其焦虑情绪。父母婚姻质量较差的家庭环境容易导致儿童出现焦虑、抑郁的症状（罗增让，1998；Peleg-Popko, & Dar，2001；Spence，2002），甚至引发心理行为问题（俞国良，金东贤，2003）。长期成长于严重的父母冲突环境中的孩子，在焦虑程度过高时容易出现儿童恐惧症，如广场恐惧症和学校恐惧症等，他们害怕到人群密集的地方，并且容易对其他各种情境感到恐惧，此外，他们常有忧虑、焦虑情绪，或出现身体症状。

　　父母的婚姻冲突还会破坏亲子依恋的安全感。由于对自身婚姻问题的关注，父母之间的冲突可能会降低他们对孩子需求的敏感度，减少他们对孩子的心理关怀。亲子关系的这种变化破坏了亲子依恋安全感（Ainsworth, Blehar, Waters, & Wall，1978）。因此，婚姻冲突容易导致不安全的亲子依恋，尤其是婴儿早期的婚姻冲突可以显著预测孩子在儿童期的不安全亲子依恋（Howes & Markman，1989；Isabella & Belsky，1985；Owen & Cox，1997）。对中学生开展的问卷调查研究也发现，父母冲突会对青少年的亲子依恋和亲子沟通产生负面影响（邓林园等，2013；武永新等，2014）。而且，青少年为应对父母冲突情境，维持情绪安全感，往往会消耗大量身心资源，进而妨碍其他重要领域的发展（Davies，Forman，Rasi，& Stevens，2002；王明忠，范翠英，周宗奎，陈武，2014）。

父母冲突也会导致青少年的抑郁情绪。王鉴等人（2020）对4175名初高中生进行调查发现，父母冲突不仅直接影响青少年的抑郁情绪（父母冲突水平越高，孩子的抑郁情绪越高），还可能通过青少年的自尊水平间接影响其抑郁水平。对于青春期的孩子来说，其抑郁风险会迅速增加（Costello，Swendsen，Rose，& Dierker，2008）。此外，独生子女家庭的母子冲突在父母冲突和青少年抑郁之间发挥着中介作用，因此，母亲应该更加注意避免将夫妻冲突中的消极情绪情感带入和孩子的相处过程中（肖雪，刘丽莎，徐良苑，李燕芳，2017）。和非独生子女相比，独生子女由于缺乏手足亚系统的支持，更容易卷入父母冲突带来的不良情绪之中（Cameron，Erkal，Gangadharan，& Meng，2013）。

随着现代科学技术的发展，一项关于夫妻冲突和婴儿情绪处理的研究首次使用功能性磁共振成像技术（fMRI）扫描自然熟睡情况下的婴儿。研究者发现，对于母亲报告有更频繁父母冲突的婴儿，他们在愤怒言语的刺激下，负责情绪与压力反应调节的相关脑区（包括喙前扣带回皮层、尾状核、丘脑和下丘脑）会有更高的神经反应（Graham，Fisher，& Pfeifer，2013）。这表明，长期处于父母冲突中的婴儿与焦虑、抑郁等负性情绪相关的脑区更易被激活。另外，事件相关电位（ERP）技术也被应用在父母冲突与儿童负性情绪关系的研究中。Schermerhorn等人（2015）的研究收集了23名儿童（9～11

岁）的 ERP 数据，结果表明，来自高冲突家庭的儿童在愤怒实验和快乐实验中产生了更大的 P3 波幅（P3 波幅对有情感内容的刺激敏感），而来自低冲突家庭的儿童没有产生更大的 P3 波幅。也就是说，高冲突家庭的孩子对情感线索更敏感，尤其是负性情绪线索。

案例 4-2 中的大儿子和小儿子虽然来自同一家庭，但所处的家庭冲突水平不同，大儿子出生于低冲突的环境中，家庭氛围和谐，父母冲突较少，所以大儿子从小情绪就比较稳定，不那么黏人，遇到不顺心的事情也很少大哭大闹。但小儿子出生之后，夫妻间的冲突逐渐增多，而且冲突经常暴露在孩子面前，所以孩子更容易情绪波动，产生负面情绪。同时，由于婚姻冲突容易导致不安全的亲子依恋，小儿子因此安全感更差，更需要人陪伴。后来当夫妻停止争吵，改善彼此之间的关系后，小儿子的情绪因此变得更加稳定，由于亲子依恋趋于安全，他也变得不那么黏人了。

怎么办

在父母冲突中成长的孩子，如何提升安全感？

1. 父母尽量避免在孩子面前发生冲突

从理论到实证研究数据都可以发现，父母冲突会对孩子身心健康造成消极影响，而且年龄越小的孩子，在父母产生冲突时其安全感受到的威胁和挑战越大。要消除这种影响，首先要从源头入手，父母应尽量避免在孩子面前发生冲突，避免让孩子总是处在恐惧和不安的情绪当中。

2. 一旦冲突无法避免，父母应合理有效地解决冲突，以身作则

事实上，并不是所有的冲突都对孩子的成长有害。有研究发现，建设性的父母冲突对子女成长就存在一定的积极作用。如果父母采取建设性的方式解决冲突，其实是在间接地教孩子如何处理生活中不可避免的冲突（McCoy, Cummings, & Davies, 2009; Montemayor, 1983; Niemi, 1988）。虽然我们了解冲突对孩子的负面影响，但对于每个家庭来说，总是有无法避免的冲突，也会存在冲突无法完全避开孩子的情况。这时候，一方面，父母应该在孩子面前树立良好的榜样，以身作则，引导孩子学习正确解决冲突的方法与途径，比如良好的情绪表达、非暴力的言语沟通、客观公正的问题分析、科学有效的冲突解决，如此一来，孩子在成长的过程中，会认为生活中有冲突是正常的，也会想办法寻找合理有效的方

式处理冲突，而不是选择完全逃避或者激烈的争吵等极端方式去处理冲突。另一方面，父母良好的冲突解决方式也会使孩子较少地担心冲突对父母关系、家庭未来等其他方面造成消极影响，产生较高的情绪安全感，这对于维护家庭和谐稳定、促进孩子健康成长都有很大的帮助。

3. 增加亲子沟通，改变孩子对父母关系的错误认知

情绪不安全感的维度不仅包括孩子的消极情绪反应，也包括孩子对家庭未来及父母关系消极认知的破坏性表征因子，以及认为家庭中父母冲突与自己有关的蔓延性表征因子，这些因子都与孩子的不良行为相关。

对于认知发展还没有完全成熟的孩子来说，在面对父母冲突的过程中，往往分不清父母在婚姻关系中的角色和责任，以及自己应该在家庭中担任的角色与承担的责任，分不清自己的各个角色在处理家庭问题时的"边界"。孩子往往会因为自己是家庭中的一员，就认为自己有责任为家庭中父母的冲突或问题做些什么，希望通过自己的努力解决父母的冲突，使家庭现状得以好转，甚至希望自己也可以做些什么让父母婚姻现状有所好转。如果孩子没有解决父母的冲突、认为自己对父母的冲突无能为力或者即使孩子作出了努力，家庭的现状也没有好转，他们往往会将这种困境归结为自己的原因，这种"过度自责"，即认为父母冲突和自己有关的错误认知，往往容易使孩子陷入焦虑、痛苦、抑郁、不安的情绪状态，甚至有的孩子会通过"装病"或者故意表现不好来转移父母的注意力。

这时候，父母与孩子的沟通就很重要。

在与孩子沟通的过程中，首先，父母应该厘清自己在家庭生活中应该承担的责任和扮演的角色，不要轻易将孩子拉入自己的阵营，要知道父亲和母亲对孩子来说都很重要，如果父母亲的一方为了自己而让孩子攻击另一方的话，对孩子来说是一种伤害。其次，在和孩子聊天的时候，父母应向孩子客观地说明真实的婚姻状况，纠正孩子对家庭关系的错误评价，尤其要坚定且肯定地告诉孩子，父母之间的冲突不是孩子的错。同时，父母要用自己对孩

子的爱疏解孩子的不安情绪，帮助孩子厘清家庭角色及家庭成员的边界，增强孩子的情绪安全感，引导孩子表达他们真实的情绪与感受，使孩子在健康、和谐的家庭环境中成长。

4. 父母以高质量陪伴、尊重、倾听与爱，帮孩子重建安全感

如果父母不小心在孩子面前表现出了夫妻之间的矛盾，应如何帮助孩子重塑安全感呢？首先，高质量的亲子陪伴非常重要，父母应多陪伴孩子，不敷衍和孩子在一起的亲子时光，保证亲子相处的质量和时间，每次相处时可以制订一个计划和主题。例如，对于年龄偏小的孩子，父母可以跟孩子一起搭积木、玩沙子。父母要学会"投其所好"，要知道即使没有在孩子面前展现夫妻之间的冲突，亲子陪伴的数量和质量也很重要。其次，父母应尊重孩子，帮助孩子学会沟通和表达以及如何合理宣泄自己的情绪。孩子对父母的冲突有自己的看法，父母可以以平等的视角与孩子进行交流。父母在和孩子交流的时候不要将吵架的责任推卸到自己的伴侣身上，先问问孩子的想法，不要因为孩子不支持自己而大声吼叫或斥责孩子，不要打断孩子，而要鼓励孩子说出自己的真实想法，仔细倾听孩子的想法，包容孩子的焦虑和愤怒情绪，要灵敏地识别出孩子情绪表达的信号以及孩子情绪背后的需求。不同年龄阶段的孩子可能表达情绪的形式不一样，撒泼打滚、容易哭闹、不想说话，这些都可能成为孩子表达自己情绪的形式。听完孩子的想法、安抚好孩子的情绪之后，父母再表达自己对冲突的看法，做一场"像大人之间的平等交流"，但是要注意让孩子明白，不管怎样，父母对他（她）的爱都是不变的。最后，父母要多多走进孩子的世界，与孩子玩游戏或交谈，帮孩子找到放松身心的好办法。

第 5 章

跨代联盟
面对父母冲突，孩子应不应该站队？

Conflicts & Growth

2020 年 10 月，我确诊重度抑郁，在心理咨询室中，大部分的情绪崩溃都围绕着童年和家庭，我将自己的过往一点一点地剖开，看到里面腐朽淌血的一切，它仍旧在侵蚀着我，像锁链一样禁锢着我，我每向前走一步，它就势必向后粗暴地拖拽我，直至将我磨得遍体鳞伤，我流的每一滴泪，都可以在名为"家"的沟渠中溯到它的源头。

我成长在一个完整的核心家庭，但我从未感到自己拥有一个完整的家。在上五年级前，我都和妈妈一起生活，在母亲的严加管教下，我整天都盼望着父亲回来。五年级时我的愿望成真了，但我等来的并不是想象中的慈父，而是一个"陌生人"，父亲对我极为冷淡。起初，母亲作为全职主妇，经常无法拿到维持家庭开支的生活费，我记得母亲很多次向父亲愤怒、委屈地哭诉，埋怨父亲不能定期给她固定的生活费，父亲总是沉着脸不发一言，有时摔门而出。后来，母亲开始成为家中的经济支柱，她忍受不了当家庭主妇的委屈辛酸，去小叔经营的餐饮店工作，妈妈赚钱极其辛苦，我有时周末去店里帮她忙，晚上 11 点左右才和她坐公交晃到家，又倦又累。

母亲在这时已对父亲失去希望与情谊，并常常在我面前对父亲颇有微词，多以抱怨或控诉的形式宣泄内心的愤懑，这让我在情感上疏远并厌恶父亲。有时母亲不给父亲煮饭，只洗我俩的碗筷和衣服，常年和我睡一间房，父亲单独睡一间，母亲带我外出逛街、吃饭等活动也不让我告诉父亲，不许我告诉父亲她给我买了什么，给我买的东西也要藏到房间（母亲很忌讳让父亲知道她的存款和收支情况），并且在生活上将父亲和我们隔离开，有时做饭也不做父亲的那份，给我买的零食和水果也要"藏起来"，不让父亲发现。对于父亲给我打的电话、发的消息、说的话，母亲都会非常详尽地过问，并且发表消极评价（如冷嘲热讽，"哼，没什么事也不会给我们打电话"），常让我扮演"传话筒"的角色。母亲对于我性格的负面评价都要加一句"和你老爸一模一样"，她认为"如果你父亲上进一点，你也会更优秀"，让我觉得自己受到父亲很多负面影响。这都给我莫名"堵塞"的感觉，但我什么也没说，我早已学会了父母的那套——应对一切的沉默。

父母在这个时期长期处于冷战关系，偶尔争吵，要么是激烈短暂的言语冲突，要么是我在房间睡下后，他们以为我听不见而进行的低声长久的争执，我从来听不清他们的说话内容，但那嗡嗡的声音刺激着我的神经，那时开始我变得睡眠极浅，一点声响就能惊醒我。

渐渐地，我开始和母亲一样怨恨父亲并瞧不起他。我无数次地思考为什么自己的父亲和别人的父亲完全不同，为什么他不履行自己作为父亲、丈夫的责任，甚至不像一个有尊严的人那样活着。父亲的脾气也越来越坏，从不给我和母亲好脸色，对我只有瞪视和恶语相向。我常常觉得自己和父亲似乎有着深仇大恨，只有我们两人在家时，气氛也会剑拔弩张。我内心极端抵触父亲，以至于看到他就不由自主地心颤心慌，害怕、恐惧、愤怒、压抑等复杂的情绪堵在心头，只有躲在房间里能让我平静一些。高中三年我都住校，周末回家一趟也不愿久留，因为只有宿舍能让我有些喘息的空间，能让我感到一丝轻松和自由。

上了大学后，父母依旧是老样子。大一下学期我因疫情在家，2020 年 4 月份父母闹离婚，不同于从前无数次的离婚风波，这次是严肃而正式的。但是后来父母并未真正离婚，其中牵扯关系甚多，我也不知缘由，但父母关系明显缓和了，我们于 7 月再次搬了家，父亲的东西一起搬来了，但我的内心已和父亲决裂，不愿再见到他，于是父亲并未和我们一起住，他去了哪儿我也并不关心。母亲态度大变，甚至在我面前为父亲说好话，时常问我什么时候能让父亲回家住，我感到说不出缘由的极度痛苦，好像过往的一切都撕裂成锋利的碎片，将身体划得鲜血淋漓，但我依旧不吭一声，没有人发现我的异常。我感到自己像一个可悲的提线木偶，一个没有自由和灵魂可言的工具，没有人关心我的情感、我的心灵、我的渴望。在家庭中我始终在三角关系中扮演着牵制、维系、隔离、攻击的角色，母亲将我当成工具一般，从未意识到我拥有自己的精神世界和心灵生活，父亲则视我若无物。没有定数的家庭变动关系让我无法界定过往任何一个阶段的家庭生活，也从不知道正常或幸福的家庭应是什么样的，正常或和谐的亲子关系、夫妻关系应是什么样的。

在亲密关系方面，家庭对我产生了深远的影响。我习惯用沉默和回避代替积极沟通，不会处理亲密关系，我将大部分人际交往问题都归咎于自己，并且认为自己不属于这个世界，不适合活着。我能做的一切只有沉默、接受和无声地流泪，成年后唯一的反抗也只有拒绝父亲的再度加入，但却遭到所有人的反对和不解。

——一个抑郁症大学生三霞的自述

思考：玉霞的父母是如何种下了玉霞的抑郁种子？妈妈的责任多一点，还是爸爸的责任多一点呢？玉霞可以怎样通过自己的方式突破家庭的束缚呢？

01

一个家庭就是一个宇宙

家庭系统理论解析

　　美国著名心理治疗专家 Bowen 提出的家庭系统理论强调，整个家庭是个大系统，但是在界限的作用下，其被划分为夫妻亚系统、亲子亚系统和手足亚系统等功能相对独立的亚系统。当亚系统之间的界限适当时，各个亚系统都会较好地发挥各自的功能，不会互相干扰；但是当界限不清时，就会出现问题。该理论主要从自我分化、亲子三角关系的角度，对父母冲突如何影响儿童青少年身心发展的内在机制进行了详细的阐述。

自我分化

　　Bowen（1978）在其家庭系统理论中提出了"自我分化"（Self-differentiation）这一核心概念，指的是个体在理智与情感、亲密与独立之间保持平衡的能力。自我分化良好的个体更理智，既能与人保持亲密又能保持自己的独立感，既不会过于黏附他人，也不会显得过于孤立；相反，自我分化程度低的个体无法平衡自身的理智与情感，容易情绪化，与他人相处时总是很难把握恰当的距离，表现得非常极端。一种表现为过分寻求他人认可，容易依赖他人，思想、情感都容易受到他人的影响而缺乏理性的判断；另一种表现为"生人勿近"，显得"高冷"或"过于独立"，否认家庭和人际交往的价值。

Bowen 认为，自我分化的形成与原生家庭有非常紧密的联系。父母之间的互动会影响儿童青少年自我分化的发展，频繁的夫妻冲突容易让孩子陷入紧张、压抑的情感氛围，也更容易被迫卷入夫妻之间的冲突中。这久而久之会导致孩子的低自我分化，在处理问题时更容易被情绪和复杂的关系困扰，自然难以保持理智和冷静；而在人际关系的相处上，他们要么过分追求彼此的亲近，害怕被抛弃，要么过分追求彼此的独立，回避人际关系以远离社交给他们带来的麻烦和纷争，走向过分独立或过分亲密的两端，难以寻找适当的平衡。

在 Bowen 看来，即使成年之后，孩子与他人交往的方式依然带着原生家庭的影子，这一观点也得到了一些研究的支持。有关成年夫妻的研究发现，夫妻相处的模式具有代际传递性，也就是说很多夫妻之间的相处方式会沿袭原生家庭中父母之间的相处方式及冲突处理模式（Bowen，1978）。而在代际传递过程中，个体的自我分化起到重要的中介作用。Rosen 等人的研究发现，自我分化在原生家庭的暴力与恋爱暴力中起着中介作用。而我们自己的研究（2015）发现，父母冲突会通过影响大学生的自我分化水平进一步对其宿舍冲突方式和恋爱冲突方式产生影响。也就是说，如果父母的相处方式充满了矛盾和冲突，那么在这样的家庭环境中成长起来的孩子就更可能呈现低自我分化的状态，甚至在孩子组建自己的新家庭后，仍然用儿时目睹的父母相处方式与伴侣交往，这种交往方式往往对婚姻有破坏性。我们在下一章（第 6 章）会通过更丰富的研究和案例对自我分化的作用进行更详细地阐述。

三角关系（三角化）

　　该理论还提出一个亲子三角关系（Parent-child Triangulation，也称家庭三角关系、三角化）的假设，特指夫妻亚系统和亲子亚系统之间界限不清，从而导致夫妻之间处理不好彼此的矛盾和冲突时，孩子主动或者被动地卷入其中，形成复杂的"父—母—子"三角关系模式。虽然孩子卷入家庭三角关系可以暂时缓和父母间剑拔弩张的冲突状态，但这种卷入并不能从根本上解决父母间的冲突问题。尤其当孩子卷入父母冲突成为一种固定模式时，反而削弱了父母双方积极解决问题的动力，不仅不利于父母间冲突的有效解决，而且会给孩子的心理发展带来明显的消极影响。最终不但不能解决问题，反而让原来的问题变得更加复杂、更难解决，而在这个过程中，孩子就自然而然成为家庭关系问题尤其是夫妻关系问题的牺牲者。

　　原本是夫妻双方的交流和矛盾，却将无辜的孩子卷入战争中，就像是两股强大的气流相遇，难免会卷起方圆百里内的"狂风暴雨"。很多卷入亲子三角关系的孩子，由于长期夹在父亲和母亲之间，左右为难，面临忠诚与背叛的两难选择和内心冲突，最终产生各种情绪困扰或行为问题。

　　亲子三角关系可细分为亲职化、替罪羊和跨代联盟三种类型（田相娟，王赵娜，王美萍，2017）。其中跨代联盟（Intergenerational Alliance）是指子女与父母其中一方形成联盟，以对抗另一方（马婷婷，2014；王美萍，王赵娜，2014；杨阳，2011）。很多大人喜欢开玩笑问孩子，尤其是问未涉世事的儿童："你喜欢爸爸还是妈妈？"甚至是"如果爸爸妈妈离婚了，你跟谁？"这样有失分寸的问题是一种潜在的跨代联盟的表现，常常让年幼的儿童感到恐惧和困惑。双方产生冲突，自然想要拉拢第三方增长自己的士气，比如向孩子抱怨伴侣，让孩子给他们评评理。孩子会感受到家庭的不稳定带来的不安全感，以及担心背叛某一方而产生的愧疚感。

亲职化（Parenting）是指当父母发生冲突时，子女代替父母承担照顾家庭的责任。在电影《送我上青云》中，女主人公盛男的妈妈因为年轻漂亮，19 岁和厂长结婚生子，但好景不长，盛男的爸爸出轨后，盛男的妈妈好像永远停在了 19 岁的样子，爱美、幼稚、依赖他人。盛男则成长为一个非常独立要强的女性，甚至在得知自己患上癌症后还独自抗下了所有的难过。由于父亲对家庭责任的背叛，母亲角色的缺位，盛男不得不变得"坚强独立"，成为母亲的"妈妈"的角色，这就是典型的亲职化表现。

替罪羊（Scapegoat）指父母将冲突关注点转移到教育子女的问题上，从而逃避解决夫妻之间的冲突。很多家庭治疗的案例中，父母可能因为孩子的抑郁或者网络成瘾等问题来寻求帮助，但随着咨询的开展，咨询师慢慢会发现，孩子的问题只是表象，真正的症结却是夫妻关系，孩子只是夫妻问题的挡箭牌而已。

案例 4-1 中的女孩小玉描述道：

"爸爸一直试图让我站在他那边，但从来没有成功过。因为在我的判断中，爸爸的问题更大，而且妈妈在冲突中处于弱势，所以我一直都是站在妈妈那边的。我会在他们争吵结束后去安慰妈妈，跟妈妈一起指责爸爸，但我不敢在爸爸面前表现出什么。所以我其实没有太卷入爸妈的冲突中。只有研一时那一次吧，那时姥爷意外去世了，爸爸因为之前的历史遗留问题，怨恨姥爷，不想去参加姥爷的出殡仪式。那时候我请假回了家，跟爸爸和弟弟在家里，妈妈在姥姥家。爸爸就会一直跟我和弟弟讲，姥爷和妈妈哪里不好，他有多么委屈。而且对出殡这件事，爸爸不跟妈妈直接交流，要我在中间传话，说他不去了。我不想做，爸爸还指责我'没有良心，已经成年了都不愿意参与家里的事'。于是，我游走在两个人之间，在爸爸面前替妈妈开脱，劝爸爸去参加出殡，在妈妈面前替爸爸开脱，说爸爸不是这个意思，让整件事不至于闹得太难堪。因为我们当地很看重出殡，女婿不到场的话场面是特别难看的，如果爸爸不去，相当于跟姥爷家、舅舅家撕破脸，即使妈妈不跟爸爸离婚也会被笑话。我不希望他们因为这种混乱难堪的情况离婚，也不想我们家成为别人茶余饭后的笑话，我在外地没关系，弟弟还在读初中，他怎么受得了。那几天是我最不想回忆的几天，爸爸一直跟我指责妈妈和姥爷，妈妈在电话里哭，舅舅让我把他的话录下来给爸爸听，我要把每个人的意思美化后再传达，夹在中间要爆炸了。我真的太讨厌他们不自己处理好自己的事情，还要拉我下水了，我一点也不想参与到他们的事情中，我宁愿跟这个家没有关系。"

小玉"一直站在妈妈那边"，父亲试图将弟弟拉入自己的阵营中"对付"母亲，姐弟俩分别成了父母各自的跨代联盟；小玉因为没有帮助父母传话而被父亲指责"没有良心"，承担了父母冲突的"替罪羊"；小玉也被迫压抑自己的情绪情感，处理父母之间的矛盾，成为亲职化的典型代表。

解析家庭三角关系之跨代联盟

从本章开篇案例中抑郁症女孩"玉霞"的自述中，我们可以看到，她的抑郁跟常年夹在父母的冲突中的经历是分不开的。家庭三角关系有三种模式：替罪羊，亲职化和跨代联盟。玉霞家的情况，跨代联盟的特征更明显。小学五年级之前，父亲在外地工作，因为物理上的距离，玉霞自然而然跟妈妈更亲近，跟爸爸更疏远。尽管如此，小时候的玉霞仍对远方的父亲是有期盼的，然而，盼来的却不是父亲的爱和关怀，而是冷淡和疏离。再加上当父亲回来之后，父母之间的冲突更频繁，如果说小时候母女之间的跨代联盟是物理距离导致的抱团取暖，那父亲回来之后的母女跨代联盟则是父母冲突的产物。玉霞的父母之间虽然矛盾重重，却更像是没有硝烟的战争，父亲好像总在逃避问题，母亲却在不断累积不满和愤怒，将女儿拉入自己的阵营，向她倾倒苦水，数落丈夫的各种不是，宣泄自己内心的苦闷，并且还强迫女儿与自己的父亲划清界限。在这件事情上，母亲是"成功"的，经过她长年累月在女儿面前对父亲的诋毁，玉霞在心理上越来越跟母亲保持一致了，瞧不上父亲，怨恨父亲，刻意疏远父亲。父女关系经历了从陌生到期盼，期盼到失望，再到敌对的转变。当然，父亲是能感受到的，于是父亲也默契地把母女俩当成一个团伙，站到了母女同盟的对立面，很多时候他也将对妻子的情绪撒在女儿身上。在这样的关系里，虽然母女紧紧抱成一团，但母亲却困在自己的痛苦婚姻里，并没有给女儿多少爱和关怀，相反，她给予女儿更多的是负面情绪，是抱怨甚至指责；而父亲却也在畸形的婚姻关系中，跟女儿越来越疏远，把女儿当成了情绪迁怒的对象。

　　跨代联盟的危害是显而易见的。首先，一个健康的家庭关系应该是父母之间形成同盟关系，共同教育孩子，但跨代联盟的关系使得被孤立方的父母在孩子心中的权威受到破坏，其教养角色失去功能；其次，夹在中间的孩子会面临背叛与忠诚的两难境地，虽然孩子可能跟其中一方更亲近，但是憎恨另一方绝不是孩子心中最想要的。最终的结果就是，孩子长期夹在这种关系中喘不过气来，压力得不到释放，从而出现心理行为问题。玉霞就是这样的一个牺牲品，妈妈虽然跟她关系紧密，但她感受到的不是爱，而是自己成为妈妈对付爸爸的工具而已，而她跟爸爸的关系几乎是隔离和敌对的状态，更谈不上爱和关怀了。

　　尽管后来玉霞父母的关系有缓和，但是长期以来卷入父母冲突的家庭三角关系中对她的自我评价、人际关系、情绪情感等方面造成的负面影响又怎能通过父母的复合立马消除呢？

02

致"病"三角

父母冲突与家庭三角关系

许多实证研究表明，父母冲突水平越高，子女卷入三角关系的程度也越深（Grych，Raynor，& Fosco，2004；Franck & Buehler，2008；郭淑君，2002；杨阳，2011；马婷婷，2014）；而子女卷入三角关系的程度越深，其抑郁和焦虑水平越高（Buchanan，Maccoby，& Dornbusch，1991；Buchanan & Waizenhofer，2001；马婷婷，2014），出现情绪困扰和不良行为的可能性越大（Grych，Raynor，& Fosco，2004；Franck & Buehler，2008；王赵娜，王美萍，2014），人际交往能力也越差（Peris，Goekemorey，Cummings，& Emery，2008），并且在应对人际冲突时更可能采取消极策略（高苗，2015），甚至成年之后的婚姻满意度也会受到影响（Kerig，1995）。由此可见，父母之间的冲突可能会导致亲子三角关系的产生，进而对儿童青少年的心理发展造成不良影响。

此外，亲子三角关系存在着年龄和性别特点，男中学生的亲子三角关系要比女中学生更严重（艾自琼，2014）。在大学生群体中，亲子三角关系不存在显著的性别差异（Peleg，2014）。不同模式的家庭三角关系带给孩子的影响存在一定的差异。

亲职化模式对青少年发展的影响存在跨文化差异。Peris 等人

（2008）研究发现，青少年亲职化程度与内外化等行为问题存在显著正相关，亲职化程度越深，人际交往能力越差；童年时期亲职化经历越多，成年之后羞愧倾向越明显（Wells & Jones，2000）。但国内的研究结果显示，亲职化可以提高青少年的自尊，降低其抑郁水平（王赵娜，王美萍，2014），减少其问题行为（张虹雯，郭立安，1999），发展出更积极的应对方式（邓林园，许睿，方晓义，2017），并促使青少年拥有更好的人际觉察能力，表现出更多积极的人际交往行为（郭孟瑜，2003）。

替罪羊模式对子女的影响分两种情况。一种情况是，当父母将注意力从夫妻冲突转移到他们认为需要给予更多照顾的孩子身上以暂时停止冲突时，子女会误以为只有自己需要照顾时父母才不会有冲突，因此会习惯性地在感知到父母发生冲突后故伎重演，最终导致身体和心理症状的产生。在这种情况下，孩子会主动表现出问题来转移父母的焦点。另一种情况是，孩子被动成为父母冲突的牺牲者，即当父母将注意力从冲突中转移到他们认为"有问题"的子女身上时，会转移攻击对象，去指责子女；长此以往，高冲突家庭中成为攻击对象的青少年可能会与父母产生亲子冲突，影响其亲子关系，进而表现出更多的外化行为问题（Fosco & Feinberg，2015）。

跨代联盟这种卷入模式往往会使子女陷入两难境地。对子女来说，一方面，跟父母中的一方结成联盟意味着抛弃或背叛了另一方，内心的挣扎与愧疚感会让子女产生很大的情感压力和自责情绪；另一方面，与一方父母结盟的子女可能会担心另一方父母的迁怒，他们会意识到自己有成为冲突中结盟方父母的替罪羊的可能，从而提高其威胁感。当子女对冲突威胁水平的评估较高，却发现自己对解决父母的冲突没有帮助时，更容易抑郁、焦虑，产生低自尊

(Shahinuzzaman, Saha, & Akhtar, 2016), 这些也是网络成瘾等问题行为的风险因素（刘杰等，2011；Kim & Davis, 2009；郭金花, 2014）。而且，与孩子结盟的父母一方可能会加强对孩子的心理控制，影响青少年自主性的发展（Franck & Buehler, 2007）。

不同模式的家庭三角关系对孩子的影响也存在性别差异。张虹雯和郭丽安（1999）以中国台湾地区完整家庭的儿童为被试的研究发现，男孩比女孩更容易以替罪羊的模式卷入父母冲突，但在跨代联盟与亲职化上无显著性别差异。Bell 等人（2001）以美国和日本青少年（11~19 岁）为被试的研究表明，男孩更多以替罪羊的形式卷入父母冲突，而女孩则更可能作为母亲的盟友卷入其中。

总体而言，父母之间的冲突会导致家庭三角关系的产生，进而对儿童青少年的心理发展产生影响。除亲职化模式对孩子发展的影响存在文化差异外，孩子涉入三角关系程度越深，他们的情绪失调程度越严重（郑昊敏，2011），会表现出越多的情绪不安全感（Cheung, Cummings, Zhang, & Davies, 2016）、抑郁和焦虑水平越高（Buchanan & Waizenhofer, 2001）、内外化问题行为越严重（Franck & Buehler, 2007；Grych, Raynor, & Fosco, 2004；王赵娜, 王美萍，2014）、应对方式越消极（邓林园，许睿，方晓义，2017）、人际关系也越差（郭孟瑜，2003；Peris, Goekemorey, Cummings, & Emery, 2008）。

怎么办

夫妻如何避免在冲突过程中
将孩子拉入自己的阵营？

众多案例和实证研究都表明，家庭中的三角关系会对亲子关系以及孩子的心理健康产生影响，甚至影响孩子的同伴和婚姻关系，使其产生焦虑、抑郁等不良情绪，这种影响是潜移默化的，家长要重视，避免在家庭中形成三角关系。

1. 父母要了解，稳定的"跨代联盟"会给孩子带来伤害

第一，父母对孩子来说，"手心手背都是肉"，看到原本应该"相亲相爱"的父母起冲突，本身就是一种伤害，如果还要让原本"不知情"的孩子联合一方去对抗另一方，无疑是伤害的二次方，让孩子更加心生愧疚、左右为难、情感纠结。这种不良的亲密关系榜样示范也会对子女成年后的亲密关系产生影响，使其难以形成健康、稳定、长久的亲密关系，对亲密关系极其不信任，没有安全感、敏感多疑，甚至可能走上父母婚姻的"老路"。

第二，被联合起来"对付"的另一方还可能将孩子当成夫妻关系的"替罪羊"，把对伴侣的愤怒发泄到孩子身上，产生矛盾时攻击孩子，进一步对孩子造成巨大的伤害。

第三，稳定的同盟关系还可能让孩子卷入亲职化的角色。如果和孩子结成了稳定的同盟关系，孩子就开始对父母双方的焦虑和冲突十分敏感，并且试图通过自己的能力来帮助父

母缓解焦虑，帮助父母跨越和解决矛盾。原本需要照顾的孩子夹在父母之间，压抑自己的需求和情感，甚至反过来照顾父母的需求，这对孩子的身心健康成长也有很多风险。

2. 父母要对自己和对方有清晰的认知

首先，如果你是那个"拉帮结派"的父母，可以问自己四个问题："和孩子亲近是因为真的爱孩子，还是想拉帮结派？""有没有利用孩子之口来让自己处于婚姻关系中的赢家地位？""有没有经常在孩子面前说自己伴侣的坏话并试图让自己的孩子也认同这些话语？""有没有让孩子刻意疏远自己的伴侣？"每个人心中都有自己的答案，要记住的是，发生冲突的时候，不能将夫妻之间的矛盾强加在孩子身上，更不能拉拢孩子来对抗另一方。孩子都有明辨是非的能力，家长不能只顾争吵的输赢，而应该关注夫妻间的冲突会对孩子的心理健康水平造成什么样的影响；多从孩子的角度思考，而不是让孩子在中间当关系的调停人或是让孩子来平衡自己的过失，非要"利用"孩子来争个输赢不可。

其次，被联合起来"对抗"的另一方也要认清，孩子对自己不是真的不喜欢，自己有没有因为夫妻矛盾而对孩子做出不好的行为？还可以问自己几个问题："有没有因为不满孩子经常帮着自己的伴侣而对孩子很苛刻，对孩子冷漠甚至恶语相向？""有没有因为不满伴侣而将情绪发泄到无辜的孩子身上？""什么时候孩子开始'向着'自己的伴侣，什么时候孩子开始和自己不亲近了？"作为被联合起来对抗的一方也要注意管理自己的情绪，孩子可能只是因为被"拉帮结派"，所以产生了一些情绪，但是并不意味着无法改变，不能因为孩子和另一方更亲近就对孩子无缘无故地发火。

3. 把握夫妻相处之道，正确解决冲突

如果夫妻相处过程中，一个人总是对另一个人抱怨，或者是一个人总是云挑剔另一个人做的事，受到不公平对待的一方，难免会想到要去找一个帮

手做裁判，在大多数家庭中最容易找到的帮手就是孩子。并不是不能找孩子，前提是将孩子当作一个"大人"看待，孩子并不是父母关系的附属品。认真听取孩子作为一个有独立思想和独立认知的"大人"对这次冲突的意见，不要还没开始，就对孩子吐槽另一方的不好。孩子对两个人的矛盾有自己的判断。父母要清楚吵架的目的不是吵架，而是解决矛盾，听听孩子对父母关系的看法，让孩子保持中立的态度，说不定真的对夫妻关系能起到"润滑剂"的作用。

父母需要学习处理家庭情绪，自己承担和面对夫妻矛盾带来的压力和焦虑。夫妻之间的冲突要两个人共同商议解决，及时而积极地沟通是情绪调节的最佳办法。此外，还可以多和孩子相处，在陪伴、相处的过程中，孩子自然会对父母有自己的认知。要尊重孩子自己的选择。

一个讲究平衡的家庭，是既注重利益共享，也相互尊重、相互独立的家庭。父母要承担自己的责任，为孩子撑起一片快乐成长的天空。

第 6 章

替罪羊与自我分化

在父母冲突中生长

Conflicts
& Growth

案例 6-1　她不是真的网络成瘾

　　欣欣每天花大量时间在玩网络游戏、在线听音乐、看视频上，她的父母觉得她网络成瘾，于是带女儿来做心理咨询。然而，让父母没有想到的是，女儿来到咨询室就开始"控诉"父母。她告诉咨询师自己并不是真的网络成瘾，她只是不想听到爸妈吵架，也不想卷入父母的争吵，才选择逃避到网络世界中。

　　女儿讲到，自己从记事开始，就看到父母永无休止的争吵。母亲觉得是因为自己生了女儿，丈夫以及婆家的人都对自己不满意，所以才会跟丈夫之间有越来越多的矛盾。有的时候，父母一吵架，无论女儿在干什么，都会拉女儿出来评理。女儿刚开始还会试图劝架，不但不管用，反倒"惹祸上身"，自己成为父亲或者母亲的出气筒；有的时候，夫妻吵完架之后，母亲觉得自己很委屈，就会跟女儿倒苦水，哭诉自己多么不容易，还情不自禁地将自己的不幸归咎于女儿，将自己的怨气撒在女儿身上。女儿一直不明白，他们那么爱吵架，为什么不离婚？又为什么要生下自己到人世间受罪？

　　久而久之，女儿发现"逃避"是最好的办法，于是就开始玩网络游戏，在网上听音乐或看视频。她会戴着耳机，把音乐或视频的声音开到很大很大，直到听不到父母吵架的声音为止。当女儿控诉完之后，父亲恍然大悟，怪不得虽然每天看女儿戴着耳机听歌，但声音大得隔着耳机都能听得清清楚楚。其实父母争吵对欣欣的伤害，远不止网络成瘾这一个问题。在咨询过程中，欣欣多次落泪，表现得很难过和无助。并且欣欣提到自己从很小就怀疑自己活着的意义是什么。无数次妈妈跟爸爸吵架的时候，或者吵架之后，她都会成为妈妈情绪宣泄的对象。这导致欣欣一方面很自责，觉得妈妈都是因为生下自己之后才每天过得这么不幸福，经常跟爸爸吵架，被奶奶和姑姑嫌弃；另一方面，她觉得自己活着很悲哀，她不明白，妈妈那么不喜欢自己，为什么要把自己生下来，她不知道自己为什么要活在这个世上。欣欣经常一个人哭，每次哭得都很伤心、很绝望，并且哭完之后，自己的情绪依然那么糟糕，没有任何好转。很明显，欣欣不只是网络成瘾，还有明显的抑郁倾向。

夫妻俩这才意识到，他们之间的争吵居然对女儿造成了这么大的伤害。他们一边后悔和自责，一边跟女儿解释，其实他们俩虽然吵架，但感情还是很好的，也从来没有想过要真正离婚。可是，事到如今，欣欣的问题已经不是一两句苍白的解释就能解决的，而是需要一个漫长的过程，只有通过夫妻之间共同努力，真正在行动上发生实质的和持久的改变，才能一点点把欣欣从危险的边缘拉回来。

思考：你身边有多少孩子像欣欣这样，表面看起来是网络成瘾，但问题的根源却在于永无休止的家庭矛盾呢？怎么才能帮助这样的孩子避免成为父母婚姻冲突的牺牲品？

01

挡"子弹"的人

家庭三角关系之替罪羊

我们从欣欣的成长经历可以看到，她其实也是家庭三角关系的牺牲品。在前面的章节中，我们已经提到关于家庭三角关系的概念，并对孩子卷入家庭三角关系的不同模式进行了阐释。不过这个案例复杂的是，它涉及三代之间的两个家庭三角关系，一个是丈夫原生家庭的卷入，导致夫妻之间频繁地发生冲突；另一个是当夫妻发生冲突时，女儿被卷入彼此的冲突关系中。

在这个家庭中，夫妻俩原本关系和睦，恩爱有加，可没有想到女儿的出生彻底打破了这个家庭的平静。女儿出生之后，夫妻俩之间的矛盾越来越多，总是争吵，妻子将其归结于婆家重男轻女，所以当生了女儿之后，婆家人总是在丈夫面前说自己的坏话，挑拨夫妻之间的关系。让妻子更难接受的是，她认为自从生了女儿之后，丈夫在婆家人的挑唆下对自己越来越不好了。久而久之，就变成了一个越来越稳定的模式和周而复始的循环。争吵越来越频繁，而每一次的争吵都让妻子愈加相信，夫妻感情的变化是因为自己生了女儿之后被婆家和丈夫嫌弃。

在不断的夫妻冲突以及在与婆家的恩怨情仇中，妻子的委屈、不甘、愤怒情绪不断累积，却无处安放。不幸的是，夫妻之间因为原生家庭的问题产生的矛盾，不但没有得到有效解决，反而将自己的女儿卷入更复杂的三角关系，让问题解决起来更加麻烦。在夫妻俩和欣欣这个小家庭的三角关系里，欣欣不幸扮演了替罪羊的角色。欣欣的母亲接受不了自己辛辛苦苦生了孩子之后，不但没有收获更多的照顾和关心，反而面临着夫妻关系的疏远和婆家的嫌弃。她心里很难平衡，想不通为什么会这样。唯一能解释这场变故的原因，就是生了女儿。于是在这场没有硝烟的战争中，女儿就成了挡"子弹"的那个人。

在前面的章节中我们提到，替罪羊模式有两种情况：一种情况是当父母将注意力从夫妻冲突转移到他们认为需要给予更多照顾的孩子身上从而暂时停止冲突时，子女会误以为只有自己需要照顾时父母才不会有冲突，因此他们会习惯性地在感知到父母发生冲突后故伎重演，最终表现出身体和心理症状。在这种情况下，孩子会主动表现出问题来转移父母的焦点。另一种情况是孩子被动成为父母冲突的牺牲者，即当父母将注意力从冲突中转移到他们认为"有问题"的子女身上时，该子女通常会成为父母攻击和指责的对象；长此以往，处于高冲突水平家庭中被攻击对象的青少年可能会与父母产生亲子冲突，影响其亲子关系，进而表现出更多的外化行为问题（Fosco & Feinberg，2015）。欣欣扮演的替罪羊角色，可能是前者，如果不是欣欣出现网络成瘾的问题，她的父母也许永远都不会想到走进心理咨询室，去面对和解决他们的婚姻问题；也可能是后者，因为每一次夫妻之间的争吵，最后妈妈都会不自觉地将原因和矛头转向女儿欣欣。

02

逃向网络世界

父母冲突对儿童青少年成瘾行为的影响

在青春期，酒精滥用、烟草滥用及其他物质滥用和性行为是青少年外化问题行为应该关注的焦点（Brindis，Elizabeth，Ozer，Handley，& Irwin，1998）。

青少年问题行为与父母（已婚或离异）之间的冲突呈正相关（Cummings & Davis，1994；Fincham，1992），相关系数在 0.20～0.50，父母冲突可以解释青少年适应不良行为 4%~25% 的变异量。Reid（1990）对 33 个研究中的 80 个效应值进行元分析也得出了类似的结论，即父母婚姻不满、婚姻冲突对青少年问题行为有显著影响。

父母冲突对孩子网络成瘾的影响，在十年前开始受到研究者的关注。赵春梅等人（2008）的研究发现，青少年感知到的父母冲突越多，其网络成瘾就越明显，不过该研究仅停留在关系层面的探讨，缺乏对影响机制的关注。2012 年，我们自己开始深入探讨父母冲突对青少年网络成瘾的影响机制。我们对 1038 名初中生进行问卷调查的结果发现，父母冲突不仅直接影响青少年的网络成瘾，而且通过青少年的冲突评价和情绪管理间接影响青少年的网络成瘾；相比于青少年的冲突评价，青少年的情绪管理起着更为重要的中介作用。数据支持了认知情境模型和情绪安全感假说的合理性。

我们还进一步探讨了父母关系、亲子关系与青少年网络成瘾的关系及其作用机制，对家庭环境中不同性质和不同水平的因素对青少年网络成瘾的影响作用进行了探讨，结果发现，父母婚姻满意度、父母冲突、亲子依恋等均与青少年网络成瘾存在关联。父母冲突不能直接预测青少年的网络成瘾，其对青少年网络成瘾的影响要通过亲子依恋才能起作用；而父母婚姻满意度不仅可以直接预测青少年的网络成瘾，还可以通过亲子依恋间接影响青少年网络成瘾。

该研究发现，当同时考查夫妻亚系统的积极因素（父母婚姻满意度）和消极因素（父母冲突）的作用时，父母冲突对青少年网络成瘾的预测作用不再显著，而父母婚姻满意度对青少年网络成瘾仍具有显著的预测作用，从而凸显出当考查夫妻冲突的影响时，不能忽视夫妻亚系统中积极因素的重要作用。这一结果在很大程度上支持了认知-情境交互作用理论和外溢假说。

后来我们又将研究对象的范围扩大，对 1610 名七年级至高三学生进行问卷调查。结果表明，父母冲突通过冲突评价和自我同一性间接影响青少年的网络成瘾。间接作用的路径有两条，分别为：

①父母冲突→冲突评价→网络成瘾；
②父母冲突→自我同一性→网络成瘾。

冲突评价的中介效应占到 32.30%，而回归分析中冲突评价的"后果威胁"维度预测作用显著。这说明，当青少年在父母冲突时感受到的威胁越多，越有可能网络成瘾。除了冲突评价的中介作用，青少年自我同一性也起到显著的部分中介作用。结合回归分析的结果，可以发现自我同一性中的"将来自我投入的愿望"维度有更重要的影响，如果青少年对将来自我投入的愿望越强，其网络成瘾的可能性越小。当父母冲突造成不稳定的家庭环境时，青少年会产生不安全感，自然探索自我的愿望和精力就会减少，很容易对未来生活产生挫败感、无望感和迷茫，网络就成了他们"打发时间"的重要途径，进而增加了网络成瘾的可能性。

在已有研究的基础上，我们在 2020 年还进一步通过追踪研究，对 270 名高中生进行了历时一年的 3 次追踪测查，以探讨父母冲突、父母控制与高中生网络游戏成瘾之间的影响机制。结果发现：(T1) 父母冲突对高中生的 (T1) 网络成瘾和 (T3) 网络成瘾分别具有正向的即时预测作用和延时预测作用；即时预测中，(T1) 行为控制和 (T1) 心理控制在 (T1) 父母冲突对 (T1) 网络成瘾的影响中起部分中介作用；延时预测中，(T2) 行为控制和 (T2) 心理控制在 (T1) 父母冲突对 (T3) 网络成瘾的影响中起部分中介作用。这表明，父母冲突对高中生网络成瘾既有即时影响也有延时影响；父母行为控制与心理控制在其影响中起部分中介作用。

综合来看，父母冲突对青少年网络成瘾的影响机制，主要支持间接作用模型，通过青少年对父母冲突的认知评价、情绪管理、自我同一性等个体因素和亲子依恋、父母婚姻满意度、父母控制等环境因素的中介作用，进而对其网络成瘾产生影响。这方面研究使认知情境模型、情绪安全感假说和生态系统理论的假设都得到了一定的支持和验证，但在初中生和高中生群体中存在一定程度的不同。

从个体因素来看，相比于认知评价，情绪管理在父母冲突和青少年网络成瘾的关系中起到更主要的桥梁作用（邓林园，2012），这提示我们增强青少年的情绪管理能力和技能格外重要。此外，增强青少年对将来自我投入的愿望有利于自我同一性的发展，从而降低成瘾的风险。

从家庭因素来看，家庭环境是一个系统，无论是亲子关系这一近端因素还是夫妻关系这一远端因素都会对青少年产生重要影响，但不同家庭因素对青少年网络成瘾的预测作用又有所不同。例如，当同时考查夫妻亚系统中积极因素（父母婚姻满意度）与消极因素（父母冲突）的作用时，父母婚姻满意度这一积极因素对青少年网络成瘾的影响更大；相对于父母关系这个远端因素，亲子关系对于直接参与其中的青少年来说，影响自然就会更大、更为直接；在近端因素中，母子依恋的作用又大于父子依恋（邓林园，2013）。以上关于父母冲突对青少年网络成瘾的影响机制的诸多研究均为青少年网络成瘾提供了不同视角的干预措施。

怎么办

孩子如何避免成为父母
冲突关系的替罪羊？

1. 父母要清楚孩子成为"替罪羊"的危害

　　每一个孩子都是天生敏锐的观察家，却也是一个相当糟糕的解读者，尤其是年幼的孩子，很容易将父母吵架归因于自己，认为是自己不好才导致父母吵架，产生自责和愧疚感，并给他造成超负荷的压力。很多在父母频繁争吵中长大的孩子，很容易习惯性地自我否定，变得自卑、多疑，或是难以管教，出现各种行为问题。

　　研究表明，"替罪羊"能够正向预测青少年的抑郁和攻击（王美萍，王赵娜，2014）及较差的学业成绩（Wang，liu，& Belsky，2016）、负向预测自尊等。根据情绪安全感假说，孩子充当父母关系问题的"替罪羊"，被迫在父母之间选一边站队，将大大增加青少年的消极情绪反应和不安全感，从而导致更多的内、外化问题（Fosco & Grych，2008）。根据认知情境理论，作为"替罪羊"的孩子会认为父母的冲突与自己有关，也会表现出更多的问题行为（Fosco & Grych，2010）。作为父母，要清楚地认识到孩子成为夫妻冲突的"替罪羊"对孩子有百害而无一利。

2. 学会自我反思，明辨对子女的情绪到底是子女的问题还是夫妻问题的迁怒

成人固然会承受诸多压力，来自家庭、工作等方面的负面情绪扑面而来，可一旦有了情绪，需要一个出口去释放的时候，一定要增强自我反思的意识：这个情绪来自哪里？一旦压抑不住，情绪出口就可能是无辜的孩子！父母的迁怒，是孩子无法承受之重。随着孩子的长大，你可能会收获一个"问题孩子"，实质是你的问题造就了孩子的问题，那时就悔之晚矣！想解决"迁怒"，需要我们不断探寻情绪背后的真相，真相也许是你代入了过去伤心的感受和经历，也许是你内心的匮乏得不到满足，也许你不懂得和你的丈夫或者妻子进行正向表达……

当出现负面情绪时，请别急着发泄。深呼吸，给自己一点时间冷静下来，然后问问自己：我怎么了？是什么事情令我不开心？我在什么情况下变得焦虑不安？我想要的到底是什么？尝试着找一找自己负面情绪的源头。在这个过程中你会发现情绪渐渐稳定下来，并且内疚和自责得以减轻，也避免了第一时间将这种负面情绪"迁移"给孩子。

3. 在夫妻关系和亲子关系之间建立明确的界限

根据外溢假说，父母冲突的消极影响会外溢到亲子关系中，教养行为质量下降和不良亲子互动会增加子女的问题行为。

作为家长应该学会换位思考。当夫妻之间发生冲突的时候，不能将夫妻之间的矛盾强加在孩子身上，更不能拉拢孩子偏向任何一方，夫妻关系和亲子关系之间要建立明确的界限，要清楚哪些话题可以跟孩子一起讨论，哪些话题是只属于夫妻之间的秘密。孩子都有明辨是非的能力，家长不能只顾争吵的输赢，更应该关注夫妻间的冲突会对孩子的心理健康水平造成什么样的影响。多从孩子的角度思考，让孩子产生更多的积极体验，减少问题行为出现的可能。

夫妻双方有意见分歧是难免的。如果你不能保证两个人都有足够的情绪管理水平，那么，建议你们在讨论某个有可能引起争论的话题之前，尽可能地避开孩子。当然，万一没有控制住，还是当着孩子的面吵了，那么，等情绪稳定下来之后，还是要尽可能地向孩子解释一下刚才到底发生了什么。至少你需要让孩子懂得，人和人之间，哪怕关系再亲密，也会有想法不一致的时候，遇到冲突和矛盾，也可以想办法解决。最重要的是，要让孩子知道，你们的争吵与他（她）无关，更不是他（她）的错。

案例 6-2　充当"灭火器"和"传声筒"的孩子

我是家里的第一个孩子，从小就乖巧懂事，在我印象中，父母经常发生冲突，而我的"懂事"更像是对他们的一种讨好。所以在过去很长一段时间，我更喜欢住校而不是待在家里。

然而，即使是求学在外，我仍然逃脱不了他们之间的冲突。每当他们发生争吵，就会轮番给我打电话。老妈的电话永远是抱怨老爸怎么这么让人生气，而老爸的电话则是抱怨老妈如何不理解他。每次两个人都会把自己说得特别委屈，都是对方做得如何不好。起初，我觉得他们都不能全面看待对方，总是看到对方的缺点，而对方做得好的地方却只字不提。我就想着怎么去纠正他们的认知，所以当老妈唠叨完之后，我就会说"您怎么只看到这些，其实老爸也不容易，比如……您也要多理解"。可是当我这么说的时候，妈妈就会特别生气，说我向着我爸，不理解她。而在爸爸那里，我也会试图让他多理解妈妈，跟他说妈妈的各种好，爸爸也是特别生气，说我什么都不懂。所以每次和他们电话沟通之后，我是两边都得罪了，弄得我也很烦躁。后来，我调整了策略，妈妈给我打电话的时候，我会和她一起说爸爸的各种不是，然后再打电话给爸爸，"替妈妈数落他"；对爸爸的电话处理也是一样的套路。可是这一次仍不奏效，我每次听完他们一方的抱怨后都会有很强的代入感，消极情绪也会被激发出来，所以在他们眼里我就成了批评指责他们的人。

读研期间，我自己的学习处于十分忙碌的状态，可是每次爸妈吵架之后还是会给我打电话，我好几次都脱口而出，希望他们不要来烦我，不要总把我当成垃圾桶，每个人都在我这倒一遍苦水，我会陷入烦躁不安中，每次都要花好多时间来调整自己的情绪。可是这么说完之后，自己也有些愧疚，我深知他们也只是想

119

找个人倾诉，却苦于身边没有倾诉的对象罢了。但是他们的问题仍然会反复出现，并且他们都习惯拉上我，希望我作为中间人去传达彼此的意思。

学了心理学之后，我知道这是典型的三角关系，是不健康的亲子关系，需要进行调整。所以，利用春节假期，在一个相对愉快的晚上，我很郑重地邀请了爸妈，希望跟他们谈谈。我首先表达了接听他们抱怨电话的感受，烦躁且无力，感觉他们总是因为相同的事情吵来吵去，主要原因是他们不能彼此沟通。我明确表示我不想、也不会再做他们的传话筒，希望他们之间可以自己沟通解决。"现在，你们可以各自说说最近一次吵架的原委，说说你们为什么生气，希望对方怎么做？"我首先让妈妈表达，虽然我强调了说和听的规则，但是在妈妈叙述的过程中，爸爸仍然忍不住打断妈妈，急于解释。这个时候我会制止爸爸，让他倾听。在妈妈充分表达完之后，我什么也不说，然后让爸爸开始叙述。与之相同的是，妈妈也会忍不住打断爸爸，我的做法和刚才一样。就这样，在他们彼此充分表达之后，都希望我能说句公道话，就好像让我判断谁对谁错一样，可我并没有按他们想的那样做，只说了一句，"你们看，其实你们还是可以好好说话的，这不说得都挺好嘛，没有我这个中间人，你们更了解彼此啦。"然后我就从他俩面前撤出了。

后来，爸妈向我抱怨的频率确实降低了，偶尔向我抱怨的时候，我会顺着他们说，比如"这确实有点让人生气呢"。然后就会找借口说自己现在特别忙，要不你们再找机会沟通一下。再后来，我发现他们争吵的次数也变少了，我也会特意表扬他们，比如，"最近都没听到你们相互抱怨了，我好开心啊，学习都有劲儿了"。现在，虽然他们偶尔还会吵架，但是给我造成的负面影响确实越来越少，而且当我夸他们的时候，甚至觉得他们的羞涩还特别可爱。

——大学生小荣的自述

　　思考：小荣的"懂事"属于家庭三角关系的哪种类型呢？

　　小荣最开始是如何"解决"父母之间的冲突的，后来又做出了哪些改变？

03

当孩子成为父母的父母

家庭三角关系之亲职化的孩子

　　父母冲突与子女的问题行为之间联系紧密，一条可能发生的影响路径是经常发生冲突的父母会把较多的不良情绪带入亲子互动中，进而表现出消极的教养行为，子女由此产生较多的内、外化问题（Camisasca, Miragoli, & Di Blasio, 2015; Chang, Lansford, Schwartz, & Farver, 2004; Cui & Conger, 2008）；另一条影响路径则是当父母发生冲突时，他们可能会把子女卷入其中，形成家庭三角关系（Bowen, 1978; Minuchin, 1974），从而导致子女的内、外化问题。

　　在第 5 章我们详细介绍过家庭三角关系常见的三种形式：跨代联盟、替罪羊和亲职化。在小荣的案例中，她在父母冲突中被迫卷入三角关系，主要扮演了"亲职化小孩"的角色。小荣从记事开始就是家里那个懂事的乖小孩，不希望父母操心，希望通过自己的乖巧和懂事让父母开心，而不是纠结在婚姻的矛盾中。而小荣的懂事和讨好，好像也在不断强化父母将其卷入三角关系的冲突模式，因为他们在女儿面前吐槽另一半的时候，总能得到很好的回应。

　　自然而然，父母冲突的解决模式好像越来越固化，只要他们俩之间一出现矛盾，就会轮番跟小荣吐苦水，尽管小荣的父母没有将对彼此的情绪转嫁到小荣身上，让小荣成为父母冲突的替罪羊，但他们不断在小荣面前诉苦，希望小荣理解自己的心情，希望小荣站在自己那一队。幸运的是，学过心理学的小荣在"中立角色"上处理得比较好，没有跟父母中任何一方结成一派，而是尽量客观地当父母关系的调停和劝说者。然而，这个为父母"操碎了心"的女儿却不自觉地成了亲职化的孩子，无时无刻不在担心父母吵架，无时无刻不在想如何帮他们缓和关系。当各种"调停"父母关系的尝试都以失败告终之后，她才真正悟到，父母的问题应该由他们自己来解决，而不是靠孩子这个"第三者"来帮忙。就这样，她才慢慢从焦虑、紧张、担忧的情绪中走出来。

可见，家庭三角关系，不管是哪一种，都不利于冲突本身的解决，只要将第三个人卷入进来，都会将原本没那么复杂的问题变得复杂。

04

当边界感迷失

大学生的自我分化

在父母冲突的氛围中，小荣会经常想要逃离，但又总是放不下，最后还是要去"管父母的闲事"，并让自己总是难以控制地陷入烦躁不安的情绪中。这其实涉及自我分化的影响：小荣不断卷入父母冲突的三角关系，已经不知不觉地限制了她自我分化的发展。而自我分化是成人初显期的重要发展任务，家庭系统理论认为，持续生活在父母冲突环境中的孩子，在进入成人初显期时，自我分化水平就会受到影响。接下来，我们就一起来看看父母冲突与处于成人初显期的大学生子女自我分化的关系。

大学生的心理发展特征

大学生处于发展心理学划分的成人初显期（Emerging Adulthood）（年龄为 18～25 岁），它是个体人生发展中的重要时期（Arnett，2000），是个体逐渐脱离父母，建立自我同一性，并探索亲密关系，为未来婚姻家庭生活、职业发展等做好准备的时期（Erickson，1959；段鑫星，程嘉，2007）。

从认知发展来看，大学生的机械记忆与形象记忆水平有所下降，但处于逻辑记忆的快速发展期，因此大学生的综合记忆力处于最高水平。大学生以思维能力为核心的智力处于高峰水平，主要体现为：抽象逻辑思维处于一生中的顶峰，辩证逻辑思维趋向成熟与完善，思维更具独立性与批判性。

在情绪情感发展方面，由于大学生处于生理、心理发展的高峰阶段，思想活跃、思维敏捷、兴趣广泛，但由于经验不足、理智尚不够成熟，表现出独特的情绪活动特征：情绪的丰富性与复杂性并存，情绪的外显性与内隐性并存，情绪的不稳定性与心境化并存，但情绪开始表现出一定的理智性。

在意志品质发展方面，大学生的意志力已呈现出较高水平，但发展不平衡，总体而言呈现出以下特征：自觉性不断提高，但仍存在不同程度的盲目性与惰性；果断性增强但面对重大决定仍犹豫不决，仓促行事依然明显；坚韧性品质突出，但动摇、固执的特点依然存在；自制力达到相当水平，但某些时候仍显薄弱，容易被情绪左右。

在个人与人格发展方面，大学生的自我发展是主要任务，大学阶段是自我同一性确立的过程，其主要特征包括：自我同一性方面仍经历着矛盾和冲突；自我同一性的确立经历主观臆想、碰撞和确立这三个阶段；是脱离原生家庭，自我分化发展的关键时期（张双庆，何全旭，许涓，邓林园，2012）。

总的来说，大学生正走向成熟但尚未完全成熟，处于心理学家所讲的"心理断乳"阶段。埃里克森将这一阶段称为"自我同一性延缓"时期。在这期间，个体可以对自我、人格等各方面进行探索，大学阶段刚好给予他们一个合法的延缓期。这一阶段的个体从青少年向成人过渡，心理发展存在很多过渡性特点，比如自我关注却又存在明显的自我不确定感，是自我同一性发展和自我分化的关键期，未来发展存在多种可能性。同时，由于大学生自我角色形成和社会化过程的需要，他们渴望建立良好的人际关系，想要达到心理社会同一感；但是由于受个性特点、家庭环境、角色与地位以及交往情景等因素的影响和制约，他们在人际交往中矛盾和冲突时有发生，从而产生不良情绪，进而影响学习和生活。因此，自我分化的发展和人际关系的发展成为大学生心理发展的主旋律。

自我分化的重要性

在第 5 章我们介绍 Bowen 的家庭系统理论时提到了自我分化，它指的是个体在理智与情感、亲密与独立之间保持平衡的能力，包括内心（intrapsychic）层面和人际（interpersonally）层面。在内心层面，自我分化是指个体区分理智（thoughts）和情感（feelings），并且灵活地选择受理智控制还是受情绪支配的能力，从这个意义上讲，自我分化是人格发展成熟的一个指标；在人际层面，自我分化指个体在与他人相处的过程中既能体验亲密又能保持独立的能力。自我分化良好的个体更灵活，适应力和压力应对能力更强，在与人相处时能灵活地把握距离，既保持与人的亲密又能保持自己的独立感，不会过于黏附他人，也不会显得过于孤立；相反，自我分化程度低的个体更情绪化，当遇到他人情绪化的时候很难保持平静。自我分化低的个体有两种类型，一种是过度亲密型，这类人与他人相处没有界限，过分寻求他人认可，也容易依赖他人，其思想、情感都容易受到他人的影响而缺乏理性的判断；另一种是过度独立型，这类人显得冷漠，与人有距离感，否认家庭的重要性，甚至会夸张地认为自己已从原生家庭中解放出来，表面上看起来过分独立（Bowen，1976，1978；Kerr & Bowen，1988）。

根据 Bowen 后续的相关研究（Kerr & Bowen，1988；Miller，Anderson，& Keals，2004；Murdock & Gore，2004；Skowron，Wester，& Azen，2004），自我分化是从儿童阶段就开始而且不断发生发展的一个过程，到了成人初显期变得越来越重要（Carter & McGoldrick，1989），而这一阶段也是自我分化发展的关键期。如今，大量心理学研究广泛关注的对象——大学生，正好就处于这个阶段。

正因如此，很多自我分化相关的研究都以大学生为研究对象，而这些研究都一致认同大学生的自我分化水平对他们的身心健康有显著影响：自我分化水平越高的大学生，对大学生活适应越良好，情绪更稳定，人际关系也更为融洽，生涯规划能力更强（安芹，邱剑，刘玉利，2012；Skowron，2000），心理健康状况较好（姚玉红，刘亮，赵旭东，2011）；而自我分化水平越低的大学生，他们出现焦虑、抑郁等情绪问题与网络成瘾等行为问题，以及人际关系问题的可能性越大，体验到更多的人际不安全感（安芹，陈浩，2015；安芹，王艳艳，2014；Kerr，1988；Maynard，1997；吴煜辉，2008）。因此，只有实现自我分化，才能使个体顺利完成从家庭向社会的过渡，实现从孩子向成人的角色转变（Arnett，2000）。而妥善处理对家庭的情绪依恋与独立自主的关系，就成为大学生的一项重要发展任务（安晓鹏，2010；刘春艳，王鑫强，刘衍玲，2010；吴煜辉，王桂平，2008）。

05

糟糕婚姻的"后劲"

父母冲突向 4 大关系圈蔓延

关于父母冲突对大学生心理行为发展的影响，目前最受关注的领域是大学生自我分化和人际关系（包括亲子关系、同伴关系和恋爱关系）。大量临床案例和实证研究表明，很多大学生的心理行为问题根植于家庭，其中家庭环境与父母教养方式是被研究最多的影响大学生人际交往的家庭因素（段鑫星，程嘉，2008）；然而，当前备受婚姻家庭研究者关注的父母冲突这个因素的影响却是近十年来才开始受到关注。

父母冲突与大学生自我分化

研究表明，自我分化水平作为大学生重要的个体影响因素，与社会焦虑、人际关系、心理社会发展与适应、自我同一性的发展以及心理健康都紧密相关（吴煜辉，2010）。低分化水平不利于大学生个体形成独立自主的意识，是影响大学生心理健康状况的重要因素（Skowron，2009）。研究表明，自我分化在原生家庭暴力与恋爱暴力中起着中介作用，当自我分化加入路径解释模型时，解释率从 10%

上升到 30%（Rosen，2001）。不仅如此，自我分化水平还可能影响大学生的职业探索活动，自我分化水平越高，个体进行的职业探索活动就越多（王辉，2008）。

根据 Bowen 的家庭系统理论，自我分化的形成与原生家庭有非常紧密的联系，而父母之间的关系和互动都会影响个体自我分化的发展。夫妻之间的冲突容易将孩子卷入其中，从而降低孩子的自我分化水平（Bowen，1978）。这一关系在青少年群体中已经得到证实，郑勤（2013）的研究发现父母之间的冲突对青少年的自我分化水平有负向预测作用，即父母冲突越多、越激烈，孩子的自我分化水平就越低。

与儿童青少年不同的是，大多数大学生已经离开原来的家庭生活空间而步入集体生活。相较于儿童青少年时期，大学生与父母相处的时间相对较少，且随着年龄的增长，逐渐发展为独立的个体。那么，对于逐渐远离家庭的大学生子女而言，父母之间的冲突对他们的自我分化是否依然存在着影响？这些影响又是怎样的呢？

我们的研究（2015）系统地探讨了这些问题。我们采用分层整群抽样的方法从北京四所不同类型的大学中随机选取 1023 名大一至大四的学生，采用 Grych、Seid 和 Fincham（1992）编制的《儿童感知的父母冲突量表》（Children's Perception of Interparental Conflict Scale）中的《父母冲突现状分量表》，以及由 Skowron 和 Schmitt 编制的《自我分化量表（修订版）》（DSI-R）进行问卷研究（吴煜辉，王桂平，2010）。结果发现，总体来说，除父母冲突中的冲突自我归因与自我分化中的情绪反应之间的相关不显著之外，父母冲突各维度与大学生自我分化各维度均呈显著负相关，也就是说父母冲突越明显，冲突评价越消极，大学生的自我分化程度就会越低（情绪反应更明显，自我立场更不坚定，出现情感断绝的可能性更大）。可见父母冲突越频繁、强度越大，大学生对父母冲突的评价越消极，他们会有越强的威胁感，并倾向于将原因归结到自己身上，更觉得自己无力应对，从而进一步降低他们的自我分化水平。

进一步的回归分析发现，"冲突应对效能""冲突威胁认知""冲突自我归因"和"父母冲突解决"四个方面依序负向预测大学生自我分化水平。可见冲突评价比父母冲突本身对大学生自我分化的预测作用更显著：在回归模型中，"冲突应对效能"最先进入回归方程，对大学生自我分化的解释率也最高，并且冲突评价的三个方面都对大学生自我分化产生显著的负向预测作用，而父母冲突特征中只有"冲突解决"进入了回归方程。这与郑勤（2013）的研究结果是一致的，即父母冲突评价对大学生自我分化水平有显著的负向预测作用。

一方面，虽然父母冲突越频繁、强度越大，对大学生自我分化的发展越不利，但父母冲突是否得到很好的解决，是更关键的因素；另一方面，大学生作为认知主体，不是完全被动接受父母冲突的负面影响，他们如何看待和评价父母之间的关系和冲突以及自己在其中的角色，在父母冲突对自己的影响中起到更主要的作用。可以发现，虽然处于成人初显期的大学生面对父母冲突还是会受到一定的影响，但是他们对父母的冲突有着自己的想法和判断。

父母冲突与大学生亲子依恋

马婷婷（2014）以大学生为目标人群，探讨了大学生知觉父母婚姻冲突与依恋风格之间的关系。研究采用分层整群随机抽样的方法，调查了700名在校大学生。结果表明，大学生知觉父母婚姻冲突与依恋风格间存在相关，其中大学生知觉父母婚姻冲突中归因稳定性、应对效果、应对反应、强度与频率及知觉父母婚姻冲突总分均与依恋各分维度及总分呈正相关。这说明大学生知觉到的父母婚姻冲突的原因越稳定，就会对自己及父母处理婚姻冲突的能力做出越低的评估；父母应对冲突的反应越消极，冲突的强度与频率越高，大学生在其亲密关系中表现出越多的依恋回避或者焦虑。

研究结果还表明，亲子三角关系中的支持性迂回在知觉父母冲突和依恋焦虑间存在部分中介作用，攻击性迂回在知觉父母冲突及依恋回避间存在部分中介作用。支持性迂回和攻击性迂回都是前文讲到的"替罪羊"的两种表现形式，都是将父母之间的冲突焦点转移到孩子身上，一种是采取照顾的方式，另一种是采取攻击的方式。支持性迂回在孩子身上体现可能就是"只要爸爸妈妈吵架，我就能得到比平常更多的照顾和关注"；而对于攻击性迂回，孩子更多的表现是"爸爸妈妈只要一吵架，我就要倒大霉了"。

第一，夫妻双方发生冲突时，如果选择通过联合照顾较软弱的或者生病的子女的形式来缓和、转移夫妻矛盾，这种支持性迂回的三角关系形式，就会将子女拉入父母的夫妻关系系统中。虽然子女看似被"关注和照顾"了，但也迫使子女过多地体验到夫妻冲突时产生的焦虑情绪，长期处于这种焦虑情绪下的子女，慢慢也变得焦虑，同时还会沿袭父母冲突时的消极互动模式，并将这种以焦虑体验为主的亲密关系互动方式带到自己长大后的亲密关系中。在与未来伴侣相处时，可能会表现得非常焦虑、没有安全感，更进一步的表现就是非常担心对方会离开自己，不利于一段稳定亲密关系的形成。

第二，如果父母将矛盾的炮火转向自己的孩子，以这种"不健康"的方式来转移夫妻冲突，受到攻击性迂回关系影响的子女就会感受到父母冲突对自己的攻击。对他们来说，父母是最亲近的人，自己却经常被当作父母冲突的"灭火器"，甚至被父母联合起来伤害，也在感受父母对孩子问题的过度干涉。长此以往，子女渐渐将这种不健康的亲子关系模式沿袭到了自己成年后的亲密关系中，渐渐对亲密关系变得不信任，渐渐变得不喜欢和外界交往，认为别人都是不可信的，甚至在发展一段亲密关系的时候，对别人表现出来的示好，也会麻木、不知所措、逃避和拒绝，难以建立一段健康亲密的关系。

父母冲突与大学生同伴关系

我们的研究（2015）除了探讨父母冲突对大学生自我分化的影响及作用机制，还进一步探究了父母冲突对大学生宿舍关系的影响以及自我分化在其中的中介作用。父母冲突的确会影响到大学生的宿舍冲突，但父母冲突与不同类型的宿舍冲突方式之间的关系模式不同。总的来说，父母冲突水平越高，大学生自我分化水平越低，更多采用消极的宿舍冲突方式（顺从、回避和竞争）；但父母冲突水平与大学生的宿舍合作之间的关系不明显；大学生的自我分化在父母冲突与消极宿舍冲突方式的关系中起中介作用，并且中介模式存在性别差异：自我分化在父母冲突与女生消极宿舍冲突方式的关系中起完全中介作用，但在父母冲突与男生消极宿舍冲突方式的关系中起部分中介作用。这与于千茵（2020）的研究结果一致，大学生父母冲突水平越高，友谊质量越低，父母冲突可以直接影响大学生的友谊质量，还可能通过影响大学生的安全感建立和自我分化水平进一步影响其友谊质量。

父母冲突与大学生恋爱关系

关于父母冲突对大学生恋爱关系的影响，研究者们从婚恋观、亲密恐惧、恋爱冲突及冲突管理的角度进行了探讨。

赵晨晨（2011）对108名在校大学生进行问卷调查，探讨了父母冲突对大学生婚恋观的影响，发现父母婚姻冲突和大学生婚恋观之间存在着明显关联。其中大学生婚姻观的婚姻忠诚维度和父母冲突知觉中的冲突频率、冲突解决呈显著负相关，即大学生知觉到的父母冲突越激烈、越多、越难以解决，在婚姻中可能表现得越不忠诚。婚姻价值维度和冲突解决方式、自我归因呈显著的负相关，说明父母表现出越多的关怀和理解，子女对婚姻的价值取向就越积极。性爱抉择和冲突解决、自我归因呈显著的负相关，如果父母的冲突解决越消极，孩子越可能采取消极的自我归因，在性爱的态度上也就更加开放。在回归分析中，将大学生婚姻观的七个因素以及总体婚姻观作为因变量，将父母亲教养方式和父母婚姻冲突作为自变量，进行逐步回归，分析结果表明，对于整体的婚恋观来说，母亲的温暖理解、威胁、冲突强度 3 个因子能够预测大学生婚恋观，总解释率为 16%，冲突强度越高，整体的婚恋观就越消极。具体到婚恋观的各个维度，父母亲的婚姻冲突联合父母的交往方式共同对其婚恋观产生显著影响，具体来说，冲突频率、冲突强度越高，婚姻忠诚和婚姻自主性越低，子女在未来选择另一半的时候越没有自主性，越听从长辈的意见。

马艳杰和冀云（2016）通过对 255 名大学生的问卷调查，探讨了父母冲突与大学生亲密恐惧之间的关系。相关分析的结果表明，大学生亲密恐惧总分与冲突频率、冲突强度、冲突是否解决、威胁、应对效能感、自我归因及冲突内容 7 个因子均呈正相关；研究者进一步根据亲密恐惧量表得分将被试分成高亲密恐惧组和低亲密恐惧组，方差分析结果表明，高亲密恐惧组的大学生在父母冲突各维度的得分显著高于低亲密恐惧组，说明面对更多父母冲突的大学生，在面临亲密关系的时候可能会更加恐惧、没有安全感。

我们在 2015 年对大学生的问卷调查中讨论了父母冲突对大学生恋爱冲突及其解决的影响及机制，结果发现：父母之间的婚姻冲突与大学生的恋爱冲突及冲突解决模式之间均存在显著的正相关关系。父母之间的冲突越频繁、强度越大、解决状况越糟糕，其子女在恋爱关系中也越容易出现冲突，并且未来在和他人出现冲突之后越容易采用消极的方式去应对。

可见，父母对孩子的影响深远而持久，父母之间的冲突不仅会影响年幼儿童的发展，而且对于即将成年、已远离家庭的大学生来讲，这种影响依然存在。父母在孩子面前表现出的冲突，如果总是通过吵架或冷战的方式解决，长期在这种环境中成长的孩子，耳濡目染下会变得更加敏感，不知不觉中就会习得相应的冲突解决方式，从而在自己的亲密关系中重现熟悉的模式，这种现象在家庭治疗领域也叫代际传递。在这一传递关系中，父母冲突会通过削弱大学生的自我分化水平，对亲子、同伴和恋爱等人际关系产生不良影响。

怎么办

在父母冲突中成长的大学生
如何实现自我分化？

　　大学生已经发展出了自我认知能力，对很多事情都有自己的看法，对大学生本人来说，他们应该尽量避免卷入父母的冲突之中。

　　对于亲职化倾向较高的子女，总会忍不住想要插手父母之间的冲突，应做到不过度承担本属于父母的家庭责任，然而长时处于父母冲突之下形成的亲职化倾向又很难一下子纠正。

　　要想实现自我分化，第一，要从认知上调整自己，相信父母有能力处理自己的矛盾，降低自己对父母冲突解决的期待。只要他们能沟通，都有解决的希望，而且，父母的年龄和生活经验都比自己丰富，他们总会有办法解决，只是形成的固有冲突形势难以改变，即使没有自己的参与，他们也能有自己的办法去解决问题。如果自己经常插手父母的冲突，不仅难以从根本上解决父母的矛盾，长期充当父母之间的"灭火器"和"传话筒"，甚至可能让父母之间的交流更加困难，逐渐丧失夫妻正面交流的能力，自己夹在其中还可能"吃力不讨好"，两方都得罪。不管从目的还是结果来说，过度卷入父母的冲突之中都是不明智的选择。正如案例6-2中的小荣，最开始卷入父母矛盾时，无论是帮父母"说好话"还是"说坏话"，都没有从根本上解决父母冲突的问题，反而让自己陷入烦躁无力的状态。

　　第二，以一种更加积极正面的方式帮助父母自己处理问题。像小荣一样主动撤出父母的冲突，交给父母双方来沟通和解决问题，而她只是在沟通的过程中提醒父母注意自己的情绪，对于冲突保持中立的态度。在不断地尝试之后，父母向她抱怨的频率在减少，彼此争吵的次数也变少了，而小荣的状态也越来越好。

　　第三，即使如此，父母可能还是来找你"求助"，使你被动地卷入父母冲突之中。这种情况下可以学习案例中的小荣，摆正心态，转移父母的注意力；可以适当"敷衍"父母，让他们两人沟通，适度保持和父母之间的界限；学会拒绝，承认自己"无能"，让父母通过双方的沟通解决问题，或许可以促进父母之间的关系。以解决问题和促进沟通为目的的"争吵"，在一定程度上还能促进双方感情。

　　有些子女夹在父母冲突之间，承受了父母冲突产生的大部分情绪，成为"替罪羊"。第一，对于攻击性迂回倾向较高的子女，建议提高对自身问题和父母矛盾的区分能力。换言之，学会区分父母对自己的责骂和情绪真的是自己的问题引起的，还是因为父母将情绪带到了自己身上。如果是因为父母自身的问题而责骂自己，可以适当"忽视"，明确自己没有责任；如果觉得自己好像有一些问题，可以增强自己解决冲突的能力，和父母好好交流自己的感受。第二，对于支持性迂回倾向较高的子女，父母吵架之后对自己"无缘无故"地献殷勤，可以适当和父母表达自己的感受，适当拒绝父母每次争吵后对自己的"示好"，多多思考父母"无事献殷勤"的原因，有自己的判断和想法。第三，要学会宣泄自己的情绪，面对父母冲突产生的不良情绪，可以和父母交流，也可以和自己信任的人交流，用跑步等方式合理宣泄自己的情感，找到"安抚"自己的途径。

　　此外，研究者们发现，团体辅导对于大学生的自我分化水平有显著的提高作用。安晓鹏（2010）运用团体辅导的方式就情绪调节、感受与表达和大学生亲密关系的疏通三个主要方面，对大学生进行了干预，有效地提升了大学生的自我分化水平。王一帆（2014）同样运用了团体辅导的方式就情绪调节、沟通模式、亲密关系疏通以及家庭三角关系调节四个方面对大学生进行干预，同样有效地提升了大学生的自我分化水平。从社会或学校环境角度来看，建议在社会或学校多开展以提升自我分化水平为主题的团体辅导和小组活动，利用正念、戏剧表演等团体辅导小技巧，对大学生的情绪觉察、调节和表达、亲密关系疏导以及家庭三角关系方面进行干预，促进大学生形成和发展独立人格，从而更好地适应成人社会的生活。

Conflicts & Growth

第三部分

冲突干预的希望

第 7 章

直面冲突

解决父母冲突的干预方案

Conflicts
& Growth

父母冲突对儿童青少年心理与行为的影响已经得到大量理论和实证研究支持。近年来，越来越多的研究者和实践者开发了父母冲突干预方案，试图通过促进父母冲突解决、改善父母关系、提升父母共同养育能力等方式对家长进行干预，旨在为儿童青少年提供更加和谐幸福的成长环境，预防和减少儿童青少年的心理行为问题，提升其适应性和学业水平。这些研究都证实了父母冲突的改善对儿童青少年的积极作用。

01

来自全球家庭的研究成果

父母冲突干预方案概况

当前国内外针对父母冲突的干预研究大多从两个角度着手开展。第一类是针对离婚夫妻的冲突管理和共同养育方面的干预研究，又可以细分为离婚夫妻自愿参与的干预项目和法院强制参与的干预项目（APA，2012；Mitcham-Smith & Henry，2007）。这类针对离婚夫妻的干预研究主要致力于采用心理教育的方式让父母意识到彼此的冲突对孩子的消极影响，以及通过沟通技巧和冲突管理策略的训练，调解、缓和离婚夫妻的冲突，最终达到促进子女身心健康发展的目的。目前在针对离异家庭的父母冲突干预方案中，比较典型的两类干预模式包括：

①法院强制干预方案："孩子优先"干预项目（Children First Program，CFP）（Kramer & Washo，1993）、"夹缝中的孩子"干预项目（Children In the Middle，CIM）（Arbuthnot & Gordon，1996）、指导性共同养育干预方案（Directed Co-Parenting Intervention，DCI）（Garber，2004）、共同努力计划（Working Together Program，WTP）（Owen & Rhoades，2012）和离婚／分居家庭儿童干预项目（Kids In Divorce and Separation，K.I.D.S）（Shifflett & Cummings，1999）；

②社区干预方案："新起点"项目（New Beginnings Program，

NBP）（Wolchik et al.，2000）和"不可替代的父亲"项目（Dads For Life，DFL）（Cookston et al.，2007）。

第二类是针对完整家庭的干预项目，这类项目大多是在社区开展的预防性干预项目，由伴侣双方共同自愿参加（Cowan & Cowan，2014）。与针对离婚家庭的干预方案不同，这些预防性干预项目的参与者不一定是已育的父母，也可能是未婚夫妻、新婚夫妻或者准父母（Cowan & Cowan，2014；Faircloth & Cummings，2008）。针对完整家庭的项目主要通过提升夫妻冲突管理能力，尤其以养育孩子过程中的冲突处理为核心，提升夫妻共同养育水平，达到提升孩子幸福感的目的（Zemp，Bodenmann & Cummings，2016），包括家庭根基干预项目（Family Foundations，FF）（Feinberg & Kan，2008）、夫妻应对提升训练项目（Couples Coping Enhancement Training，CCET）（Bodenmann & Shantinath，2004）、促进强健的非裔美国家庭干预项目（Promoting Strong African American Families，ProSAAF）（Beach et al.，2014）、"快乐夫妻，快乐孩子"项目（Happy Couples and Happy Kids，HCHK）（Faircloth & Cummings，2008）、"80后"父母消极共同养育行为干预项目（李瑶，2014）和儿童祖辈-父母共同养育的干预项目（李东阳等，2016）。

下面我们将简要介绍父母冲突干预方案的基本状况（详见表7-1），重点介绍两个针对离异家庭和两个针对完整家庭的父母冲突干预方案及共同养育干预方案，为我国父母冲突干预工作奠定基础，也从父母冲突解决的角度为青少年心理行为问题的预防和临床干预提供参考。

表 7-1　父母冲突干预方案简介

研究者	干预方案	样本（单位：对）	干预对象	时间频次设置	地点	实验设计	结果报告	干预项目简介
Garber, 2004	指导性共同养育干预方案（DCI）	信息缺失	离异父母	信息缺失	美国	非随机对照试验（non-randomized controlled trial, 以下简称 non-RCT）	信息缺失	家庭干预，包括教练技术和心理教育，旨在增加养育一致性、减少冲突
Kramer & Washo, 1993	孩子优先干预方案（CFP）	241	正在申请离婚的父母	每次 90 分钟，共 2 次	美国	non-RCT	父母自评	课程干预，观看视频片段，在视频中呈现离婚家庭成员的不良互动
Owen & Rhoades, 2012	共同努力计划（WTP）	20	离异父母	每次 4 小时，共 3 次	美国	non-RCT	父母自评	团体辅导，注重父母冲突解决和清晰的父母角色、边界
Shifflett & Cummings, 1999	离婚或分居家庭儿童干预方案（K.I.D.S）	29	离异父母	每次 2 小时，共 2 次	美国	随机对照试验（randomized controlled trial, 以下简称 RCT）	父母自评	团体辅导，包括对父母的教育，改变父母的行为，提升父母参与相关活动的满意度

续表

研究者	干预方案	样本（单位：对）	干预对象	时间频次设置	地点	实验设计	结果报告	干预项目简介
Arbuthnot, & Gordon, 1996	"夹缝中的孩子"强制离婚教育方案（CIM）	45	高中生的离异父母	1~2次活动，每次持续2小时	美国	RCT	父母自评	团体辅导，向参与者介绍离婚的影响，并播放视频
Wolchik et al., 2000	新起点项目（NBP）	240	离异家庭儿童及有孩子监护权的母亲	团体每周1.75小时，连续10周，个体每次1小时，共2次	美国	RCT	儿童、母亲自评，教师他评（儿童）	团体辅导，讲授和体验相结合，配合使用图片、视频和现场示范等。包括关系建立的技能、倾听技能、管教功能等
Cookston et al., 2007	"不可替代的父亲"项目（DFL）	187	没有监护权的离异父亲	团体45分钟~1小时，个体45分钟	美国	RCT	儿童、父母自评	团体辅导，注重提升父亲养育技能和对高质量养育的动机，优化父母关系
Feinberg & Kan, 2008	家庭根基项目（FF）	169	已婚或同居且准备要孩子的夫妻/伴侣	每次2小时，共8次	美国	RCT	父母自评，父母他评（儿童）	团体辅导，包含情绪自我管理、冲突管理、问题解决、沟通和相互支持等策略和技能训练
Faircloth & Cummings, 2008	"快乐夫妻，快乐孩子"项目（HCHK）	90	完整家庭的父母和儿童	每次2~2.5小时，共4次	美国	RCT	父母自评，父母他评（儿童）	基于情绪安全感假说，包括心理教育方案、夫妻沟通训练和儿童教育方案

续表

研究者	干预方案	样本（单位：对）	干预对象	时间频次设置	地点	实验设计	结果报告	干预项目简介
Bodenmann &Shantinath, 2004	夫妻应对提升训练项目（CCET）	150	完整家庭的父母	每次 1.5～5 小时，共 6 次	美国	RCT	父母自评，家长和老师他评（儿童）	团体辅导、个人／共同应对知识、个人／共同应对能力、夫妻关系中的交换和公平、夫妻交流和问题解决技能
Beach et al., 2014	促进强健的非裔美国家庭项目（ProSAAF）	331	农村非裔美国家庭的父母	每次 90 分钟，共 6 次	美国	RCT	父母自评	家庭干预、咨询师带领夫妻进行视频指导、行为示范、结构性的活动和针对某些具体话题的讨论
李瑶，2014	"80 后"父母消极共同养育行为干预项目	224	完整家庭的"80 后"父母	每次 40～60 分钟，每周 1～2 次，共 15 次	中国	RCT	父母自评，教师他评（儿童）	团体辅导、设置父母和孩子共同参与的游戏，以促进家人的共同合作
李东阳等，2016	儿童祖辈—父母共同养育的社区干预项目	203	祖辈和父母	每季度 1 次培训，每月 1 次个体辅导和讲座，持续 1 年	中国	RCT	祖辈自评	社区培训、育儿辅导、亲子关系讲座。包括亲子关系相关理论和技能、家长沟通技巧等

02

离异家庭

冲突干预方案 1

美国在 1987 年就成立了离婚教育中心（The Center for Divorce Education，以下简称 CDE），由律师和心理学家合作，为离婚家庭教育机构提供相关信息和资料。CDE 的目标包括：对离婚夫妻进行教育，并发放相关教育资料，让他们了解离婚对教养方式以及儿童的社会性和情绪发展带来的影响；推进实行有效的家庭教育方案以尽力降低离婚对孩子带来的伤害（Arbuthnot & Gordon，1996）。美国心理学会（APA，2012）的《共同养育协调指南》（*Parenting Coordination*，PC）也提出，需要对离婚后仍存在高冲突和（或）抚养诉讼的父母进行干预，帮助他们实施和遵守法庭裁决或抚养计划，促进离婚夫妻的共同养育，以满足儿童的身心发展需求。近年来，越来越多的离婚干预方案开始聚焦在父母身上（Herman et al.，2015；Martínez-Pampliega et al.，2015；Owen & Rhoades，2012），通过改变离异父母之间的互动来达到促进离异家庭孩子适应的目标。不过，不同的离婚教育方案在指导策略上存在很大差异。一种是说教式（或被动参与式），这也是大部分离婚教育方案采用的方式，主要通过书籍、大型讲座和视频等形式给父母呈现大量信息资料，以帮助父母理解离婚给孩子带来的影响。另一种是技能训练式（或主动参与式），主要通过角色扮演或体验式活动等方式，让父母体会当下的行为改变。这类方案虽然也可能会进行信息分享，但主要还是聚焦于帮助父母学习新技能，尤其是沟通和冲突解决技能，并改变父母的教养行为；也可能会在干预过程中使用视频资料，但其主要功能在于给父母示范如何在问题场景中采用新的行为模式。

接下来我们将介绍两个有代表性的干预方案——"孩子优先"干预方案和"夹缝中的孩子"干预方案，这是法院强制参与的离婚教育方案中应用最为广泛的两个方案，其中"孩子优先"干预方案偏说教和信息分享，"夹缝中的孩子"干预方案偏技能训练。

"孩子优先"干预方案

"孩子优先"干预方案（以下简称 CFP）由美国伊利诺伊州的贝尔维尔儿童优先基金会（Kramer，Arbuthnot，Gordon，Rousis，& Hoza，1998；Kramer & Washo，1993）开发，其目的在于提升离异父母对自己孩子需求的敏感度。CFP 是说教式离婚教育方案的代表，应用范围很广，已经在美国三个州的 48 个城镇开展。凡是在这些城镇申请离婚的夫妻，在离婚正式生效之前，都被法庭强制要求参加该教育课程。父母间隔 1 周参加两次 90 分钟的干预课程，主要内容是观看 6 个不同的视频片段，每个视频都呈现离婚家庭成员之间的不良互动。视频播放之前，会有一个当地的法官向参与者们介绍父母行为可能给孩子带来的负面影响，并再三强调他们需要认真学习视频中的内容。

第一次干预课程中父母观看的 3 个视频内容分别是：

①孩子被暴露在父母的激烈冲突中并被迫在父母中选一边站队；

②孩子充当父母的传话筒；

③目睹不当的成人行为，比如物质滥用。

第二次干预课程的视频片段分别是：

①通过说谎或操控的方式在孩子面前贬损前任配偶；

②取消探视、探视时迟到或利用探视作为贿赂孩子的筹码；

③试图利用孩子的愧疚和恐惧来操控孩子对于监护权的选择。

每个视频片段播放完之后，都会有一个经过训练的调解员来带领参与者们，讨论视频中有哪些不恰当的父母行为，以及孩子可能会有怎样的反应和感受。接下来，父母讨论有哪些方法可以避免不恰当的行为方式，并寻找应对愤怒、愧疚和挫败情绪的恰当方式。两次干预活动结束之后，父母还会收到关于离异家庭求助资源、两次课程内容要点的文字信息。

Kramer 和 Washo（1993）对城镇中正在申请离婚的父母开展对照研究，研究对象包括 198 名参与 CFP 干预课程的实验组被试，以及 43 名不参加 CFP 课程的对照组被试。结果发现，实验组被试普遍认可 CFP 是有帮助的，主要体现在父母对孩子的需求更加敏感，将孩子卷入父母三角关系中的情况减少了，且该方案对高冲突离婚夫妻的干预效果更突出；此外，参加过 CFP 的父母认为该方案也会帮助到其他离婚夫妻，并且更有意愿参加其他离婚夫妻教育相关的专业课程或活动。

"夹缝中的孩子"干预方案

Arbuthnot 和 Gordon（1996）开发的"夹缝中的孩子"干预方案（以下简称 CIM）是离婚教育中心（CDE）应用最为广泛的一个离婚家庭干预方案。CIM 和 CFP 在内容上基本相同，只是 CFP 更聚焦于具体信息的分享和说教，CIM 除了信息分享外，还涉及更多的具体技能训练，适用于孩子在 3~15 岁的离异家庭。除了典型的法院版本的父母干预之外，CIM 还有学校版本，通常在学校场所开展，由心理健康专业人员或社会服务机构对离婚家庭及其孩子提供干预服务。

CIM 的过程包含 1 ~ 2 次活动，每次 90 ~ 120 分钟，每组有 12 ~ 20 名家长参与。主要分为两个步骤：第一步是简单向参与者介绍离婚的影响以及可能带来的问题，其主要目的是将离婚正常化和个性化。第二步是播放视频和组织讨论，一方面，让父母对给孩子带来压力的行为线索更敏感，并让他们更深入地理解这些行为对孩子造成的负面影响；另一方面，训练他们的沟通技能（例如，不要让孩子卷入父母之间的问题和讨论，学会使用"我"式表达，一次只讨论一个具体的问题，不要打岔或总是转换话题），从而让父母将诱发压力的行为替换成合作性的行为。

该项目的主要内容包括：

① 37 分钟的家长视频——呈现孩子被迫夹在离异父母中间的 4 个典型场景（包括让孩子当传声筒，在孩子面前贬损前任配偶，让孩子卷入与离婚相关的金钱问题中，利用孩子当"间谍"）。视频由一位女性法官来解读，一位儿童咨询师或心理学家进行评论；每播放完一个视频就进行一段讨论，分析该场景及其可能对孩子产生的负面影响。播放完父母消极互动的视频之后，继续播放下一段视频，介

绍父母如何进行有效沟通以最大限度地减少将孩子卷入父母冲突的情况。

②30分钟的儿童视频——主要帮助孩子们更多地了解父母为什么离婚，并消除孩子们关于父母离婚的误解。除此之外，还给孩子们介绍减轻压力、管理愤怒和解决问题的技巧。

③其他文字材料——包括课程PPT资料、团体领导者指南、《夹缝中的孩子：父母和孩子指导手册》以及《关于孩子：离异中和已离异父母指南》。

Arbuthnot和Gordon（1996）对CIM实验组（n=89）与对照组（n=42）在干预前、干预后以及6个月之后追踪评估的数据分析表明，实验组的参与者都认为强制离婚教育很有价值，从中学习到了实用的养育、沟通技巧，他们在孩子面前爆发冲突的频率更低，并且也更少在发生冲突时将孩子卷入其中，且这些干预效果在干预课程结束6个月之后仍然存在。Kramer、Arbuthnot和Gordon等研究者（1998）还对CIM与CFP的干预效果进行了对比研究，结果发现，尽管父母报告的儿童问题没有明显改变，但CIM和CFP都明显减少了父母在孩子面前的冲突。另外，CIM干预组的父母沟通和亲子关系有所改善，且CIM组的孩子缺课和生病的次数也更少。

03

完整家庭

冲突干预方案 2

20 世纪 60 年代开始，美国就出现了夫妻关系教育（Couple Relationship Education，以下简称 CRE）的预防性干预方案，并得到政府的关注与资助。这些方案主要面向中产阶级的新婚夫妻或者准夫妻，通常采取团体会谈的方式，持续 3~4 个月，并且大部分 CRE 项目都致力于改善夫妻沟通，减少夫妻冲突（Cowan & Cowan，2014）。

针对完整家庭的父母冲突干预方案多为预防性的干预方案，在社区开展，并且不同的方案在干预内容的侧重点上存在一些差异。第一类是侧重夫妻沟通和冲突解决的干预方案，试图通过解决父母之间的冲突问题，达到预防和干预孩子心理行为问题的目的；第二类是侧重父母共同养育的方案，即主要以对孩子的养育为中心，围绕孩子教育的主题，提升父母的共同养育水平。

接下来我们将介绍两个比较有代表性的方案:"家庭根基"干预方案（FF）和"快乐夫妻，快乐孩子"干预方案（HCHK），其中"家庭根基"干预方案主要针对处于准备要第一个孩子到第一个孩子出生这一阶段的新生儿伴侣，"快乐夫妻，快乐孩子"干预方案则主要针对有 4~8 岁及青春期孩子的家庭。

"家庭根基"干预方案

家庭根基项目（以下简称 FF）是由 Feinberg 等人（2008，2009）开发的预防性干预项目，目标是已婚或同居并期待要第一个孩子的伴侣，通过双方的情绪自我管理、冲突管理、问题解决、沟通和相互支持策略，为孩子建立一个积极的共同养育环境，增强双方的育儿一致性以及家庭分工的公平性与合理性，增加共同养育支持，减少共同养育破坏，并减少消极的家庭互动模式，进而减少孩子出生后的行为和情绪问题。

FF 的干预过程分为孩子出生前和出生后两个阶段，总共持续 8 周，每周一次大约 2 小时的课程，产前和产后各 4 次。两个阶段都是围绕如何促进伴侣共同养育的主题而展开，但两个阶段的侧重点不同：产前的 4 次课程主要致力于向参与者介绍共同养育相关主题以及如何提升相关技能，从而帮助双方了解他们之间可能存在的共同养育分歧；产后的 4 次课程更关注参与者成为父母之后遇到的实际共同养育问题，促进参与者温习产前阶段学到的知识和技能，最终帮助双方通过有效沟通、问题解决和冲突管理技能来应对他们在共同养育上的分歧。FF 方案是一个互动性、心理教育导向、强调技能学习的系列课程，课程形式多样，包括教学演示、沟通演练、书面作业、观看家庭视频片段并进行小组讨论等。干预过程以团体辅导的形式进行，每个团体由 6～10 对伴侣组成，由一对男女咨询师共同带领，同时为伴侣提供示范。

有研究招募了 169 对处于同居状态并即将迎来自己第一个孩子的伴侣（其中 82% 已婚），将其随机分配到实验组（89 对）和控制组（80 对），实验组除了参加 8 次课程之外，还会收到与 FF 课程有关的书面材料，而控制组只收到一本关于选择优质儿童保育的小册子。经过分析前测、后测以及多次追踪测查的数据发现，干预对于提升父母双方报告的共同养育支持和父亲报告的养育亲密关系都有明显的效果。对母亲的抑郁和焦虑也有显著的干预效应。实验组父母报告的亲子互动问题更少，孩子的注意保持时间更长，更易安抚，睡眠质量更好。持续的追踪研究（1年、3年、6年后）表明，在参与者成为父母的过渡期中，FF的干预效果是有效且持久的。

"快乐夫妻，快乐孩子"干预方案

"快乐夫妻，快乐孩子"方案（以下简称HCHK）是一个相对简短的预防性干预方案，旨在通过改善夫妻冲突从而促进父母之间的关系和儿童（4～8岁）的心理适应（Faircloth & Cummings，2008）。该方案以情绪安全感假说为基础，由4次干预活动构成，每次持续2～2.5小时。干预模块分为心理教育方案、夫妻沟通训练和儿童教育方案三个部分。

第一部分为心理教育方案，每次团辅活动有2～5个家庭参加，主要通过讲座、纸质材料学习、视频播放及讨论等形式进行。4次的干预活动主题分别是：

①鉴别建设性和破坏性夫妻冲突以及它们对夫妻的影响，在婚姻冲突背景下维持夫妻关系中情绪安全感的重要性；

②婚姻冲突对儿童感知父母关系安全感的影响，儿童如何看待父母冲突解决带来的益处；

③鉴别建设性和破坏性夫妻冲突以及它们对儿童的影响；

④婚姻冲突对父母养育行为的影响，以及在婚姻冲突中维持安全亲子依恋关系的重要性。

第二部分为夫妻沟通训练，由经过培训合格的研究生担当教练，对夫妻进行一对一的沟通训练，内容包括夫妻沟通和冲突中采用的具体应对行为，由沟通教练对夫妻的具体行为进行指导。在第一次干预过程中，通过一系列活动，教练会向夫妻传达沟通的规则。从第二次活动开始，夫妻就会在干预活动中讨论上一周在家里发生的实际冲突。教练的工作就是通过实际演练帮助夫妻更多地采取建设性冲突行为，更少地采取破坏性冲突行为。每次活动结束后，夫妻都要完成夫妻冲突日记，并且随着干预过程的推进，冲突日记需要记录的内容会逐渐增加，增加的内容要跟上一次干预活动中的心理教育主题相匹配。

第三部分是儿童教育方案，主要目标是教孩子如何应对父母冲突，包括目睹父母冲突时如何调控自己的行为和情绪。但是在儿童方案里，不会要求儿童参与甚至去改变父母之间的冲突。在 4 次干预活动中，会涉及以下话题：

①情绪的识别与表达；

②对家庭中父母冲突的正常化；

③面对父母冲突时，孩子怎样的行为、情绪和认知反应是最好的。比如，鼓励孩子在目睹父母冲突时，不要责备自己或变得有攻击性，也不要参与到父母的冲突中去。

90 个家庭参与了该项目，并被随机分配到以下三种实验条件：

①父母干预组（PA）——心理教育方案+夫妻沟通训练；

②父母—儿童干预组（PO）——心理教育方案+夫妻沟通训练+儿童教育方案；

③自助学习组——参与者会得到一个课程大纲，给他们呈现此课程相关的阅读资料。

数据分析表明，PA 组和 PO 组在所有夫妻冲突变量上的分数差异均不显著，因此将其合并为实验组，与自助学习组进行对比分析，结果显示：

①在关于夫妻冲突的知识方面，实验组比自助学习组的知识获得情况明显更好，并且这种差异在干预结束 6 个月和 1 年后的追踪测查中依然存在；

②在破坏性冲突行为方面，干预结束时，实验组在言语敌对、负面情绪、非言语敌对和防御这四个方面的得分都明显低于自助学习组，并且这种优势在干预结束 6 个月和 1 年后依然维持；

③在建设性冲突行为方面，实验组的夫妻在干预结束时以及 6 个月和 1 年后的追踪调查中，都表现出更明显的支持行为和积极情绪，另外，在 1 年后的追踪测试中实验组的问题解决水平更高；

④在总体的行为评估上，实验组在冲突解决和建设性冲突行为方面的优势从干预结束时到 6 个月乃至 1 年后的追踪中都明显存在；

⑤母亲关于父母冲突方面的知识提升可以有效促进婚姻满意度、母亲养育行为的提高和儿童的适应，父亲的知识提升可以改善其养育行为；

⑥夫妻冲突解决效果和建设性冲突行为方面的提升，可以改善父母教养行为并促进儿童的适应。

Faircloth 等人（2011）还进一步探讨了该方案在 2 年后的效果，虽然每个组都只有不到一半的被试参与了追踪测查，但研究者发现实验组在知识获得和建设性冲突方面的优势依然存在，并且母亲报告的知识获得可有效改善其养育行为及孩子的适应性，父亲报告的知识获得可有效改善其养育行为。父亲和母亲报告的建设性冲突行为的增加都可以有效改善其养育行为和孩子的适应状况。

后来研究者将 HCHK 的内容和适用年龄进行拓展（Miller-Graff，Cummings，& Bergman，2016），修订为家庭沟通方案（FCP，Family Communication Program），旨在改善青少年家庭中父母之间以及整个家庭的冲突状况。针对父母的干预内容改编自"快乐夫妻，快乐孩子"（HCHK）方案，而针对青少年的内容是新开发的。该方案旨在通过增加父母之间以及亲子之间的建设性沟通，减少破坏性沟通，从而提升青少年的情绪安全感和适应水平。方案依然由 4 次干预活动构成，每次持续 2～2.5 小时。225 个家庭参与了该项目。结果表明，当控制了干预组和控制组的基线数据差异之后，干预组的建设性冲突明显增加，破坏性冲突明显减少，但干预组青少年与控制组青少年在适应和情绪安全感方面的变化并无显著差异。路径分析的结果表明，干预组在干预后测中的父母建设性冲突可直接预测干预结束 6 个月后青少年外化问题的减少；后测中的建设性冲突可以通过增加青少年的情绪安全感间接减少青少年的内化问题。这一结果支持了 FCP 方案对改善父母冲突的作用，以及父母关系改善给青少年情绪安全感和适应带来的正面影响，可见该方案不仅适用于低龄儿童的家庭，也适用于青少年家庭。

04

中国家庭

冲突干预方案 3

"80 后"父母共同养育行为干预方案

当今的中国家庭存在着独特的时代特点，从"独生子女"到"全面三孩"的过渡影响着中国父母生育观念，也导致了养育方式的改变。当中国的第一代"独生子女"为人父母时，这群在特殊环境下成长起来的"独一代"的养育观念、共同养育特点、冲突等都具有鲜明的时代色彩，从而对子女产生一定影响（李瑶，2014）。该研究选取的被试是中国的"80 后"父母，也是中国的第一代独生子女，他们身上具有鲜明的时代特征，因此该研究具有很强的针对性、代表性和时代性，为父母共同养育的中国本土化研究提供了借鉴。这项研究以团体的形式进行干预辅导，持续 4 个月，平均每周 1~2 次，每次 40~60 分钟。干预分为 15 次团体活动，每次活动都会设置一些父母和孩子共同参与的游戏，如画沙画、投篮比赛、兜兜水果等，以促进家人的共同合作。干预活动也注重家人之间的沟通交流，鼓励父母之间、父母与孩子互相表达自己的心里话。

24 名幼儿及其家庭参与该研究，其中 9 名幼儿及其父母作为实验组（幼儿是 3~6 岁的独生子女，父母是 28~33 岁的"80 后"独生子女），15 名幼儿及其父母作为对照组。在干预前后，研究者用《父母共同养育行为问卷》《儿童气质教师评定问卷》对参与实验的幼儿及家长进行测评。结果发现，实验组幼儿气质的情绪性维度得分显著降低，社会抑制性也显著改善，共同养育行为的协作支持、主动参与、对立、冲突维度得分以及共同养育的总分也在干预前后有显著差异。这表明这项干预方案可以有效提升共同养育质量，有效改善幼儿的气质水平。但该研究也存在一定局限性，即仅在一所幼儿园内进行取样且样本量较小，取样不够广泛，存在地域的局限性。此外，这项研究没有对被试进行后续的追踪测量，干预效果的持续性有待进一步探究。

儿童祖辈—父母共同养育的社区干预方案

中国家庭对于子女的养育存在隔代抚养的特点。祖辈与父辈成长于不同的时代，也扮演着不同的家庭角色，因此有着不同的养育观念，容易在养育孩子的过程中出现矛盾冲突（张琦妍，李丹，2015），这就需要研究者考虑祖辈与父母之间的关系及相应的共同养育问题，根据养育者不同的特点分别对祖辈和父母进行有针对性的干预（李东阳，王争艳，朱雪娜，梁爱民，2016）。

儿童祖辈-父母共同养育的干预方案（李东阳等，2016）是一项在社区实施的亲子干预方案，旨在提升祖辈及父母的共同养育质量，促进亲子依恋，为开发适用于社区干预的婴幼儿保健健康教育模式提供依据和借鉴。

　　该研究在北京城区的 4 所社区卫生服务中心选取 4~11 月龄的儿童 203 名，这些儿童均来自祖辈−父母共同养育家庭，按 1∶1 的比例将其随机分为实验组和对照组。对于实验组家庭，社区卫生服务中心的儿童保健医生对其进行每季度一次的培训，培训内容包括亲子关系相关理论和技能、家长沟通技巧等。社区儿童保健医生也会在常规儿童体检中对家长进行一对一的育儿辅导，并开展每月一次的亲子关系讲座，讲座内容涉及亲子关系、共同养育等主题。对于对照组的家庭及儿童，仅进行常规的儿童健康检查与指导。在干预实施前和实施 1 年后分别对两组被试进行问卷调查，问卷包括祖辈−父母共同养育问卷及儿童家庭的基本情况调查表，问卷填写人主要是参与共同养育的祖辈。

　　该研究收回有效问卷 162 份，其中实验组问卷 88 份，对照组问卷 74 份。结果表明，实验组家庭中祖辈对母亲的情感支持度和配合度更高，祖辈与母亲存在分歧的比例显著低于对照组（$p=0.046$），祖辈在儿童面前说母亲坏话的比例也显著低于对照组（$p=0.04$），说明这项干预措施对于提高共同养育者在养育过程中的配合度、减少养育者之间的分歧、促进亲子关系的发展等方面有积极的作用，但是对共同养育其他方面的作用有限，实验组的养育者在共同养育团结、家务分配及公平感方面并没有明显的提升。

　　这项研究考虑到了中国家庭结构在社会经济发展中的变化，把祖辈纳入共同养育的干预研究中，具有重要的现实意义。但是该研究也存在一定的局限性，例如，仅对祖辈进行了共同养育的测量，没有对儿童及其父母进行单独测量；没有把父母和祖辈分开进行单独培训，培训课程缺少针对性；该研究没有对干预效果进行后续的追踪评估。

出 路

未来干预方向和展望

综合前面所述内容，对我国父母冲突干预方向进行以下总结与展望：

第一，借鉴国际经验，结合当前中国的政策法规和家庭文化特点，开发或改编更有针对性的父母冲突干预方案并验证其有效性。由于各国的法律政策背景存在差异，中国尚没有法律强制参与的父母冲突干预项目，一般仅在社区、学校或科研机构有自愿参加的干预项目，因此，美国法律规定下的干预方案是否适用于中国现有系统有待商榷，但其干预成分和模式仍值得借鉴。

中国文化强调以和为贵，父母冲突表现形式会有所不同，可能多表现为隐性冲突，在沟通方式上也更少有直接的情感表达（付云，2000），这是在国外冲突干预方案中需要进行修订的部分。同时，中国存在许多三代甚至多代同堂的家庭，祖辈参与教养，祖辈与父母的教养观念会存在一些差异（张琦妍，李丹，2015），他们之间的冲突也应该成为干预的一个重要部分。随着生育政策的剧变，当今的中国家庭存在着独特的时代特点，从"独生子女"到"全面三孩"的政策过渡，带来的是中国父母生育观念的变化，可能也会导致父母养育方式的改变，这是干预方案需要考虑的重要文化因素之一。

第二，探索和开展离异家庭父母冲突的干预研究。很多实证研究都证实，父母冲突是比离婚本身对儿童青少年伤害更大的因素，因此针对离异家庭的父母冲突干预将具有非常重要的价值。尽管当前国外研究中有不少干预方案都针对离异父母的冲突管理和共同养育，但需要在研究设计上更科学化，同时尽可能将父、母的力量都调动起来。另外，这方面的研究都针对已经离异的夫妻，缺乏针对准备离婚或者在离婚过程中的夫妻的干预研究，然而已有实证数据（Bloom, & Caldwell, 1981；Sun & Li, 2002；Tschann, Johnston, Kline, & Wallerstein, 1989, 1990）表明，离婚过程中的父母冲突强度是很高的，而且对儿童青少年的负面影响更为明显。根据中国的最新离婚政策，申请离婚的夫妻都有民政局调解的过程，如果我们的父母干预项目能针对这一阶段的父母进行冲突管理的干预，将对儿童青少年的健康发展起到更明显的保护作用。

第三，采用多种研究方法以探讨父母冲突干预方案的即时和长期效果、干预有效成分和作用机制。当前虽然很多研究都试图遵循随机对照试验（RCT）的标准化范式对父母冲突干预方案的效果进行探讨，但大部分研究都单纯地依据问卷调查来验证方案的效果，然而问卷调查所能反映的信息非常有限，缺乏深入性。根据当前的干预研究趋势（Braver & Griffin, 2000；Cookston, Braver, Griffin, Lusé, & Miles, 2007；Wolchik et al., 2000），研究者已经不再局限于仅仅考查干预方案是否有效，而是从研究设计到数据分析都会充分考虑如何充分挖掘有效干预成分（比如父母冲突研究中到底是父母冲突的减少还是父母积极冲突解决的增加对儿童青少年的影响更大）以及干预机制。因此，未来的研究可以采用追踪研究的模式，将量化和质性研究方法相结合，在干预方案实施前后通过访谈、观察等多种途径收集父母和儿童的数据，从而更深入地探讨干预方案产生作用的过程，并充分挖掘起作用的干预成分；同时，根据实证研究中关于父母冲突对儿童青少年心理行为适应的影响机制研究和理论模型，更系统地通过干预研究考查一些重要中介变量和调节变量的影响，从而进一步验证相关的理论模型。

第 8 章

希望

Conflicts
& Growth

　　我们在前面的章节通过理论、研究和案例，讲述了父母冲突给儿童青少年成长带来的危害以及影响机制。虽然我们在第 7 章介绍了一些父母冲突干预方案及其效果，但这样的话题难免显得有些沉重。因此，在这一章，我想分享一些积极正向的案例。其实，在我们的研究和咨询过程中，也发现有不少在父母冲突中成长的孩子，虽然面临很多挑战和困境，最终也可以有很好的结局。这就像在夹缝中透进了一束光，让我们看到希望和未来的无限可能。

　　从这些案例中我们可以发现，在父母冲突的困境中，能够带来转机的因素很多，包括父母自身的改变与成长、孩子自身的生命力和突破，以及来自外界社会环境的支持。

01

共同养育

从父母的角度看，有效的父母共同养育可以起到很好的保护作用。以往的研究除了专门从离婚后父母冲突的角度探讨父母互动如何影响儿童青少年适应之外，还有一些研究者通过聚类分析的方法探讨不同的共同养育模式下儿童青少年心理发展与适应状况的差异（Ahrons，1994；Amato，Kane，James，& Ahrons，2011；Beckmeyer，Coleman，& Ganong，2014；Maccoby & Mnookin，1992）。

离婚父母的共同养育模式

Maccoby 和 Mnookin（1992）根据父母之间的冲突（频繁争执、故意诋毁对方、总是在探视问题上起分歧）和合作性沟通（经常沟通与孩子有关的问题、不回避彼此的接触、彼此协商对孩子的规则）两个维度，将离婚后的父母共同养育模式划分成 4 种类型：

①合作型（Cooperative Co-parenting）：低冲突、高沟通；

②冲突型（Conflicted Co-parenting）：高冲突、低沟通；

③平行型（Parallel Co-parenting）：低冲突、低沟通，通过避免接触来应对冲突；

④混合型（Mixed Co-parenting）：高冲突、高沟通。

　　研究表明，合作型和平行型的孩子发展更好，也就是说离婚后父母冲突的减少更能促进青少年的发展。

　　Ahrons（1994）根据离婚后父母之间的相处模式（包括离婚父母之间争论的频率、彼此的沟通是否总是紧张和充满压力、是否愿意去配合彼此的日程安排、关于孩子和家庭等方面是否有愉快的交流）将离婚夫妻聚类为 4 种类型：

　　①"合作的伙伴"（Cooperative Colleges）：适度的互动和高质量的沟通；

　　②"完美的搭档"（Perfect Pals）：频繁的互动和高质量的沟通；

　　③"愤怒的合伙人"（Angry Associates）：很少有互动和适度的沟通；

　　④"水火难容的敌人"（Fiery Foes）：互动频率和沟通质量都很低。

　　前两种类型为良性离婚，指父母离婚后仍维持相对正常的家庭功能，比如父母双方都能继续保持与孩子的交流与接触，满足孩子各种正常的情感、经济和生理需求，并且可以在共同养育孩子的过程中很好地合作（Cooperative Co-parenting）。其后续追踪研究结果表明，经历良性离婚的孩子到青年阶段后与父亲及其他家庭成员的关系更好（Arohns，2004，2007；Arohns & Tanner，2003）。

　　Amato 和 Ahrons（2011）根据离婚父母之间的互动以及父母对孩子的教养方式聚类得到 3 种类型的养育模式：

　　①合作型（Cooperative Parenting）：孩子与非监护方父母有频繁的相处与交流，监护方支持和认可非监护方在教养过程中的参与

和重要性，与非监护方经常讨论，同时父母之间的冲突水平较低并对彼此的关系满意度高；

②平行型（Parallel Parenting）：非监护方父母会适度卷入孩子的生活，但与监护方的沟通较少，有适度冲突；

③单亲型（Single Parenting）：非监护方父母几乎不会出现在孩子的生活中，与孩子和监护方几乎都没有沟通和交流。

该研究发现，离婚后能够再度合作的父母，其子女在行为表现和父子关系方面有显著的优势，但在学业、自尊、物质滥用等方面并无优势。

Beckmeyer 等人（2014）根据离婚后父母冲突、沟通和合作等因素聚类出 3 类典型的父母共同养育模式：

①合作型（Cooperative and Involved）：父母之间的沟通、合作水平最高，冲突水平最低；

②适度型（Moderately Engaged）：父母之间的沟通、合作和冲突水平都居中；

③冲突型（Infrequent and Conflictual）：父母之间的沟通、合作水平最低，冲突水平最高。

但这 3 种共同养育模式下的子女心理适应状况并不存在显著差异，只是维度分析的结果表明，离婚后父母冲突的水平与儿童青少年的内在问题和外部问题呈现显著正相关，与其社交技能呈现显著负相关。

通过上述研究可以发现，尽管离婚后的父母共同养育这一话题受到很多研究者的重视，但其结果不尽相同，有的研究发现合作型的共同养育能够促进离婚家庭儿童青少年的发展，有的研究又发现这种效果并不显著。仔细分析来看，原因之一可能是父母共同养育这一概念的构成成分不是都对子女心理发展有显著影响，只有离婚后父母冲突水平的降低对子女的心理发展可以起到稳定的保护作用；原因之二可能是父母共同养育模式对子女的影响更多是间接影响而非直接影响。

离婚父母的共同养育如何影响孩子

有研究者从元分析和干预研究的角度专门探讨了离婚后父母共同养育的作用机制。Whiteside 和 Becker（2000）通过对131篇相关研究的元分析发现（详见图 8-1），离婚父母的共同养育通过两条路径最终影响到子女的心理发展状况。具体来看，对于母亲来说，父母合作会减少彼此的冲突和敌意从而增进母亲教育孩子的情感温暖，最终降低子女总体的行为问题；对父亲而言，父母合作一方面会通过增加父子（女）接触从而提升父子（女）关系质量，最终减少子女的内在问题（如抑郁、焦虑等情绪问题），另一方面会通过减少父母之间的冲突和敌意从而增加父子（女）接触，进而提升父子（女）关系质量，最终减少子女的内在问题。Cookston 等人（2007）从父亲角度以及 Wolchik 等人从母亲角度展开的干预研究，都支持促进父母共同养育和减少父母冲突可以减少离婚后子女的心理行为问题（Wolchik, West, & Sandler, 2000; Wolchik, 2002; Wolchik, Sandler, Jenn-Yun, Mahrer, & Millsap, 2013; Zhou, Millsap, Wolchik, & Dawson-McClure, 2008）。

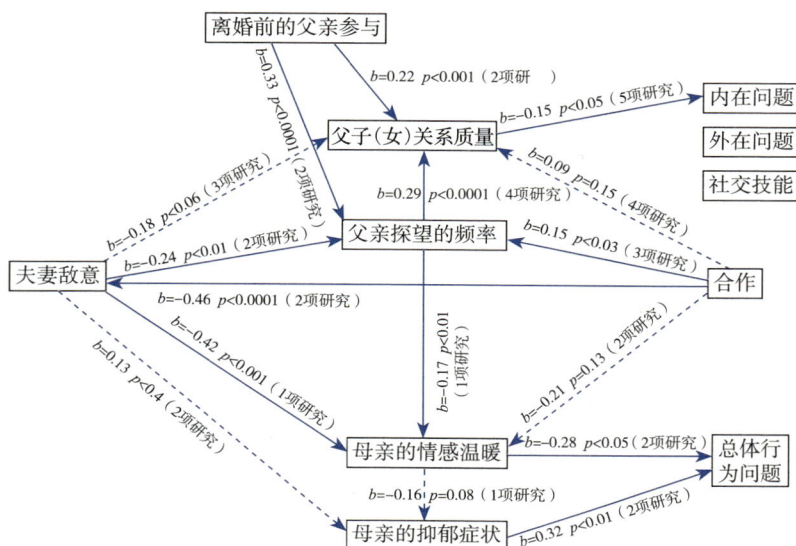

图 8-1　父母共同抚养影响子女适应的机制

（Whiteside & Becker, 2000）

本章第一个关于小旭的案例，他的变化就得益于父母在离婚后通过有效的共同养育为他营造了一个健康的生活环境。

案例 8-1　从父母共同养育中受益的男孩

在小旭 5 岁多的时候，他父母的关系开始出现问题，彼此越来越疏离，吵架越来越频繁，越来越激烈，直到两年之后走向离婚。在这两年里，小旭从一个幸福快乐的小男孩，明显变得越来越不开心。刚开始父母之间关系变得疏远和冷淡的时候，小旭总想黏着父母，虽然嘴上不说，但经常会想方设法要一家三口抱在一起。后来父母吵架越来越多，他开始变得沉默、自我封闭、没有安全感，频繁地发脾气、哭闹，直到有一天在学校情绪失控，老师建议小旭的父母带他去看医生。

当父母带小旭去看心理医生之后，小旭要求爸爸妈妈跟他一起参加咨询。于是在将近大半年的咨询过程中，咨询师都是在处理父母离婚之后的家庭关系问题，包括离婚之后为了孩子父母如何重新建立关系，在抚养儿子的过程中如何和谐共处与分工合作，如何增加作为非监护方的父亲与儿子的接触并增进父子之间的感情。经过一年的持续咨询，小旭变化很大，他变得更阳光了，情绪更稳定，也越来越有安全感了。虽然有时候小旭还是会希望一家三口重新生活在一起，但是当妈妈心平气和地问小旭，"如果妈妈跟爸爸重新生活在一起，又回到以前那样天天吵架的状态，你愿意吗？"小旭很坚定地说，"那还是现在这样更好！"而且有一天，这个刚上小学的男孩特别淡定地跟妈妈说，"妈妈，我觉得你和爸爸都长大了，你们都学会了怎么跟对方和谐相处！"妈妈回答说，"我也觉得，虽然我跟你爸爸做夫妻不适合，但是在共同抚养你的时候，我们学会了合作。"

作者视角 >>>

年纪那么小的小旭，就要经历父母的分离和家庭的瓦解，真是让人心疼；然而，不幸中的万幸是，他的父母还算负责任，他们在离婚之后，依然心系孩子，通过持续的共同努力，为小旭营造了相对完整与和谐的成长氛围，同时也在不完美中，给小旭提供了正面的学习榜样，示范给孩子如何通过积极的沟通与合作重塑关系！

从孩子自身的角度，保持界限和提升自我分化水平是有效的途径。受困于父母冲突的孩子，如果能跳出父母冲突的漩涡，站在更远的位置，更客观理性地看待父母之间的关系，适当将父母的问题置身事外，将关注的焦点放回到自己身上，放下不合理的期待，接纳自己的局限，发掘自己身上的力量和资源，将会看到希望。在接下来我们将要分享的小月和小宁的案例中，她们的改变，其实都跟自我分化有很大关联，当她们放下执念，不再强迫自己解决父母关系的问题时，她们的生活好像就慢慢变得放松和平静了。

02

放下期待

案例 8-2　小月的故事：我可以走向未来

　　我出生在一个普通城市的普通双职工家庭，物质生活既不富贵也不拮据，从小成绩就是年级里的中上水平，好像生活没有什么太大的忧虑。在外人看来，我们是非常幸福的一家——夫妻俩有稳定的工作，有房子，平时看起来也都很温和，孩子挺可爱，学习也不用大人发愁。这都是让人羡慕的。但是，只有生活在故事之中的人，才能真实地体会到个中滋味。

　　我很小的时候就对父母的矛盾印象深刻，大部分冲突都是由我爸妈对我姥姥家人的态度引起的。姥姥家人之间关系比较亲近，我妈妈很孝顺，又是家里的大女儿，自然对姥姥家人很好，付出比较多；而我是家里最大的孙辈，姥姥自然也是很亲近疼爱。但是，我爸不这么想，他觉得我妈嫁给他就是做媳妇，应该减少和娘家的往来，处处向着婆婆家才对；我是孙女，跟他一个姓，所以也应该跟爷爷奶奶家里人亲。这是我父母的核心冲突点所在。

　　我父母的吵架方式经过了多种进化。我记得小时候，他俩是互相吵，后来发展成了冷战。冷战时如果有什么消息，就让我传话。我最烦的就是这一点，我害怕他们吵架，左右传话希望他们和好，但是这种冷战总会持续三四天，不以我的意志为转移。这样的生活从小一直延续到我上高中。后来，我父母的冲突就变成我爸单方面唠叨骂人，我妈一句话不说。那时候，我爸可以说一晚上都不停，各种脏话，我妈可以听几个小时也不还嘴。而我也从原来的调解员变成陌生人，自己进屋把门一关，就当啥事儿也没发生，因为我说什么都可能引起更激烈的矛盾。我爸一直觉得我从小就和姥姥家人亲近，不向着他们。确实是如此，因为从我的角度，小时候很长时间都是被姥姥姥爷带大，那时候我姨和舅舅都没有结婚，所以一到假期就带着我玩；舅舅结婚后，舅妈又是我们小学的老师，经常带着我上下学。因为他们和我相处时间更长，对我的关心更多，所以我自然和他们话更多，直到现在都是如此。但是我爸认为，这是剥夺了我爷爷奶奶的天伦之乐，是姥姥家里人用一些"好处"诱惑我，让我和他们的关系好过于我和姑姑叔叔的关系。所以，我不能说话。一旦我说几句话是向着姥姥家人的，就被我爸抓住话题攻击我妈；如果我说几句话是向着爷爷奶奶那边的，我爸就会跟我妈说，"女儿大了，知道是非黑白，你们家人的那套不管用了。"所以，我什么都不想说。

上大学后，虽然我不再介入父母冲突中，但是父母冲突带给我的影响一直存在。寒暑假回到家，每天早上他们上班出门后，我的心情就会很平静，一到他们快下班的时间，我的心就狂跳，感觉提到了嗓子眼，就怕他们回家吵架，直到第二天他们去上班，才会放下心。那时候我也会去看老人，去两边我都会算好日子，一个假期每家去几次，去几天，都是完全一样，一天都不会有差别，就是不希望他们吵架时挑出毛病。

读研究生时，我学了家庭治疗，原因很简单，希望能够调解家里的矛盾。我尝试了各种方法，一致性沟通、去除三角关系等。但是，没有用处。我是我爸妈的女儿，不是他们的咨询师。他们面对我，只有对对方的抱怨，或者让我评理的需求，完全不会听我在说什么。而且他们之间的矛盾已经积累了二十多年，他们又都是很固执的人，凭我是改变不了什么的。另外，我是他们的女儿，在这个家庭中生活了这么多年，我也不可能始终用一种平静的情绪面对他们，不可能不断地共情他们，因为我自己也卷入其中。所以，后来我就放弃了改变他们的想法，我知道我改变不了什么。

毕业后，我留在了北京工作，没有和他们生活在一座城市。租房生活给了我全新的体验。我和同事租了房子，每人住一间，家里有人气，但又各自独立。我回家也从原来的寒暑假才回，一待一个多月，变成了每一两个月回家一次，每次两三天。我感受到轻松和自由。由于回家频次变多，缩减了他们对我的思念；而每次待的时间短，也没有什么矛盾。而且，我可以独立生活，我能养自己，我能选择几点起床，我能选择工作之余做什么。那几年，我和朋友把北京有名的吃喝玩乐的地方逛了个遍。这期间，家里也发生了很多事情，父母也分居过，也和好过，我依然是害怕回家的，但是我又觉得我不能不回家，毕竟那是亲生爸妈。不得不说，虽然他们两人之间冲突不断，但是对我的生活和工作基本上是很尊重也很开明的，他们俩都知道我是那种很有主见的人，强迫我是没有什么结果的，所以我们的亲子关系还是比较和谐的。而我也长大了，会明显感觉到他们老了，每次回去几天，也不会挑事，让我几点起来我准时起床，还会请他们看电影，或者叫他们一起出去玩，我只希望在这为数不多的团聚中，彼此都能有个好心情。

我心里很清楚，我父母永远也不可能变成让我羡慕的恩爱夫妻，我就是成了心理专家，能咨询好别人，也不可能去改变他们。所以，我曾经非常明确地告诉他们："你们的生活是自己选择的，无论是继续过，还是离婚，怎样我都支持，只要你们自己愿意。但是这个世界上只有一个人无法偏向任何一方，那就是我，所以我不能评理，也没法说服谁。你们有什么不开心，可以告诉我，我可以安慰你们，但是我没法二选一。"慢慢地，我父母好像也接受了这个事实，他们不再要求我评理，甚至很少在我面前抱怨对方的不好。其实他们心里到底是怎么想的，我不知道，也不再想知道。过去的生活是无法改变的，那些生活留给我的一些情绪上的应激反应依然存在，比如回家前先紧张一下，而且我父母偶尔也会给我一些"暴击"，让我郁闷一段时间。但是，我不再想探索他们为什么会这样做，也不再想探索他们的哪些行为怎么样影响了我。我知道，生活就在这里，在眼前，我需要的是"站在当下、面向未来"，过我自己的人生。痛苦是永远会时不时出现的，即使没有我父母，还有其他痛苦，我可以过好自己的生活，去迎接那些已知的和未知的。

　　曾经我也在工作时做过一年的心理咨询，很神奇的是，我以为咨询会让我掌握一些方法，可以改变我的焦虑。事实上，我的焦虑确实缓解了，但没有彻底消失。这一切的发生不是因为我父母不吵架了，也不是因为涨工资、朋友发生了变化，而是因为咨询师说过的两句话启发了我。一句是，"好像你在家庭里承担了一部分父亲的角色"，这句话让我意识到，我并没有回到女儿的位置，总是妄图靠自己去改变他们夫妻的关系，因为逾越了界线，所以关系一直是失衡的。另一句是，"那如果就是一直这样呢"，这句话让我发现可能很多东西都是未知的、无解的。现在的我觉得自己成长了很多，是因为我开始面对和接纳生活的现实，不再总是想着过去，而是走向未来。

——小月的自述

作者视角 >>>

　　在父母的矛盾关系中，在两个家庭的矛盾关系中，小月痛苦过，挣扎过，也费尽一切心思去努力调节过，但都没有成功。在漫长的过程中，她深陷父母的矛盾关系，左右为难，曾经当过"润滑剂",充当过夫妻冲突的"牺牲者",并在很长一段时间都扮演着"亲职化孩子"的角色,通过自己的努力、专业的学习去帮助父母解决他们的婚姻关系问题。然而,父母的关系没有因她的意志而转移,两个大家庭的关系也没有因为她的努力而变得更和谐,她内心的纠结和焦虑却更多了一分。直到她放下"改变父母"的期待时,才真正走出了家庭三角关系,实现了自我分化,不再受制于过往,而是走向无限可能的未来,开始迎接自己的自由人生!

03

保持界限

　　我小时候经常想自杀，或者想如果我爸妈生出来的不是我就好了，我就不用遭这份罪了。有这种想法或许是从知道我妈是意外怀孕的时候开始。说起来我算是蜜月宝宝，但不是他们计划内的。得知我妈怀孕以后我爸显然是不想要的，我妈很犹豫，就在这段时间年轻的爸爸寻求新的满足去了，我妈得知此事，发了疯的跳绳爬高，可我还是坚强地留在了她的肚子里。据说我出生以后爸爸还是挺疼我的，可在我记忆中全然没有这种感觉，我只在照片中看过他抱着我亲昵。在我的记忆中爸爸是"酒后神经病"，因此"为了我好"的妈妈就和他两地分居了，大部分时间我是跟妈妈住在山东，爸爸一个人在北京。爸爸不定期会来山东看我们，但每一次他来，我都厌恶至极。他每次来总要张罗一场场酒席，从白天喝到半夜，喝完酒就满嘴脏话，说妈妈和全家人的各种不好，出言恶毒，很多话难听到让人终生难忘，很多时候还会拿着菜刀威胁家人。小时候我们家墙上贴了很多我画的画，其实不是因为我画得好，而是为了掩盖爸爸发酒疯之后在家具上、墙上留下的痕迹。很多人会觉得这是两口子吵架，其实不是，我妈一直是那个被骂不敢还口的人，她担心说多了会威胁我的生命。我觉得她窝囊，但她告诉我她都是为了我好，还说如果她要去死就先把我杀死，省得我留在世上被我爸祸害。我真的不能理解，为什么都过成这样了还不离婚。

年复一年的闹剧终于在我高三那年消停了，所以我就趁机跟他们约定，等我高考完，他们就离婚。他们同意了，我还真信了。等我拿到录取通知书后第一件事就是把重点大学录取通知书往桌上一拍，跟我妈说"行了，重点大学，你们不用担心我了，离婚吧！"可我妈又跟我讲各种各样的理由和借口，说离婚哪有那么简单。当时我就崩溃了，直接背着包冲到了火车站，想永远离开这个家。当我到火车站又不知去向何处时，我站在火车站广场中央嚎啕大哭，警察过来很关切地问我到底发生了什么，我根本不好意思开口。到现在，他们依然两地分居，仍然时不时吵架闹离婚，依然每一次都希望我去调解，如果我拒绝，他们就会对我进行道德绑架，说我不孝顺不懂事。

小时候，我无疑是跟我妈一伙的，那时候觉得他们的婚姻问题都是我爸的错，我爸出轨、酗酒、有很多狐朋狗友，他从不管我，也不负担家中的各种开销，毫无责任心，甚至还因为酗酒给家庭带来很多麻烦。我觉得我妈可悲可怜，整天担惊受怕的，还得了心脏病，所以我就不能怕，不能慌。我小时候经常连睡觉都是穿得整整齐齐的，因为我要时刻准备着，如果爸爸半夜醉酒回家，好带着妈妈去安全的地方，第二天，我还得若无其事地去上学。每次他们都会和好，但我不知道他们是怎么和好的，也不知道又发生了什么，我也不想知道。

后来上了大学，我跟爸爸住在一个城市，可我能不回家就不回家，即使回家也先打听好他的行程，尽量"很不巧"地没能见面。当我谈恋爱之后，男朋友也被卷入我家的战争中，我妈像是又获得一个支持者一样去争取我男朋友的支持，而我爸会更加愤怒。我交往过两个男朋友，我每次都不得不跟男朋友讲家里的故事，他们听完后会非常心疼我，但令我惊讶的是，他们会说，"你妈爱你爸，不爱你，不然不会这么对你。"他们还会从男人的角度分析，"你爸其实特别不容易，如果是我，早离了。"两任男朋友都这么说，让我突然警醒。我开始重新审视爸妈的关系。

我发现爸爸确实也很不容易。我慢慢了解到，爸爸对妈妈的很多矛盾，是因为妈妈对她的原生家庭付出过多。在青春期失去父亲便承担了家庭大家长角色的妈妈看来，相比于爸爸，亲手拉扯大的两个弟弟更令人难以割舍，她嘴上虽然一直不承认，但却用实际行动证实了这一点，她找各种理由留在老家，只是每年去爸爸的城市住一段时间。爸爸理解妈妈童年的不容易，所以在结婚后帮助妈妈给两个舅舅找工作，出钱结婚。令人心寒的是，舅舅们习惯了被姐姐照顾，对爸爸并没有心存感恩，妈妈也没有因此对爸爸更好一些。当我理解爸爸的愤怒以后，也不再一味地偏袒妈妈，而是给予爸爸很多支持。这时候我似乎看到了拯救他们婚姻的希望，我会把自己抽离出来，去观察和琢磨他们俩之间的各种不良交往模式。

后来我学了心理学，非常关注婚姻家庭方面的研究，也试图通过我所学的专业知识，帮助他们沟通，改变他们的关系。当时好几个老师都告诫我，我们没法做自己父母的心理咨询师。我那时很不理解，还有些生气，但我现在终于明白了这个道理。当我以为我有了专业知识的武装，可以去"干预"他们的关系时，我发现自己依然活在他们的关系里，我做不了他们的"救世主"。以前他们发生矛盾的时候，就会问我的意见，我就会各种摆事实讲道理，但最后他们都不会听我的，还会指责我不懂他们，不理解他们。后来，我读到一本书，名叫《舍得让你爱的人受苦》，那也是一个转变的契机。以前，当他们以家庭、孝顺、责任的名义要求我去管他们夫妻的闲事儿时，我真的会内疚，但是我发现我没法选择，无论站在谁那一边，对另一方来说都是不公平的，而且我自己会感到特别难受。后来，我就开始"狠心拒绝"。以前他们跟我抱怨，我会非常认真地听他们的故事，听他们对对方的不满和抱怨，然后去从中调和。但现在，我不会再那么卷入他们的关系了，如果我有好的建议，会分享给他们，但不强迫他们去改变。如果他们的抱怨影响到我的生活，影响到我的心情，我会适时喊停。现在我会跟他们俩说："你们俩的感情很复杂，我可能真的没法理解。但是，你们现在做出任何的决定，我都能接受和理解，也愿意去支持你们。"

因为学婚姻家庭治疗的缘故，我慢慢意识到，婚姻的问题绝不是哪一个人单方面的原因，而是双方互动的结果。就像我也用跟妈妈相似的方式处理恋爱中的冲突，不高兴会冷战、不说话，或者离家出走，可是我的男朋友们不会用爸爸对妈妈的方式来对我，他们会在我离家出走的时候把我追回去，他们也会在我不说话的时候一直陪着我，关心我，直到冷战结束。所以我们的关系就不会重蹈覆辙，这也让我慢慢地对于感情、对于婚姻有了更多的信心。但是因为爸妈的关系不好，妈妈就会把很多精力放在我身上，总想插手我的所有事情，包括我的感情。我跟前男友都装好了婚房准备结婚，却因为妈妈的过度参与，导致我们最后分手。这让我深刻地意识到，要保持界限。

当我不再卷入爸妈的关系之后，我可以更好地处理自己小家的问题，处理三个家庭之间的关系。当儿子出生后，父母果然开始试图通过外孙将我们卷进去，甚至想把我和儿子与先生分开。不过现在的我很清醒，也能很快觉察到问题并知道自己应该做什么。我和先生能够默契地平衡和自己原生家庭的关系，坚定地保护我们自己的家庭，绝不让历史重演。

当然，除了学会站在更远的距离看待父母的关系，也保持自己跟他们的界限之外，我认为我之所以现在过得还不错，也得益于我的"求生欲"和自我觉察能力。一方面，在那样混乱的环境中，我找到了一些属于我自己的兴趣爱好，如看书、画画、运动，所以即使在家里一片嘈杂的时候，我也能"逃到"自己的世界里，寻得一片安宁；另一方面，我很高兴自己有很强的自我觉察意识和能力，无论是专业课的案例、朋友的经历还是电视剧的情节，都能引发我的反思，此后寻求改变，并很高兴看到自己的改变。其实原生家庭给我带来的除了伤害，还孕育出一些好的事情，比如我的自立、坚强、善于察言观色等，这些赋予了我不让历史重演的能力。我相信未来可期！

——小宁的自述

作者视角 ＞＞＞

我们永远没有办法做亲人的咨询师，也没有办法做父母的婚姻咨询师。"懂事"的小宁，从很小就开始用不同的方式扮演着家庭中的"亲职化小孩"。然而，她无论通过哪种努力，最终都没有能成功解救冲突中的父母，反倒让自己的生活陷入越来越深的泥潭，甚至自己的一段又一段关系被生生搅黄。不过，庆幸的是，小宁并没有甘愿成为命运和生活的傀儡，反而调动了她很多正面的资源和力量，让她在不断的摸爬滚打中反省自己、调整自己。

如何从原生家庭里成长？除了像案例里的小宁一样，找到一些可以让自己快乐、放松的兴趣爱好之外，还要保持好跟原生家庭的界限，放下"拯救父母"的执念，才能不让历史重演，获得真正的成长！

04

积极的社会支持

从外界环境的角度，如果孩子能够不再每天把自己困在父母的冲突中，而是放长眼光，将交际范围拓宽一点，会发现自己不只是父母冲突的受害者，还是可以寻找和借助更多外界的力量去主动改变自己生活的主宰者。本章最后一个关于琳琳的案例，她的改变在很大程度上也得益于她用心观察自己的朋友如何跟家人相处，以及他们如何用更积极的心态看待生活中的遭遇，慢慢地，在这些朋友的影响下，她也走出了父母冲突的阴霾。

案例 8-4　上帝为她关上一道门，却打开另一扇窗

从我记事开始，我爸妈不知道吵了多少架，打了多少架，也不知道有多少次说起要离婚。他们之间的每一次矛盾，我都不只是旁观者。我才六七岁的时候，爸妈在外面因为打麻将的事情打架，半夜回到家，妈妈会把睡着的我拉起来，看她被爸爸打得有多惨；妈妈也曾经在跟爸爸打完架之后，半夜把我从被窝拉起来，要带着我离家出走。后来爸爸在一个狗窝里把我们找到，爸妈和好了，却在我的心里埋下了阴影。等我大一点，爸妈不止一次因为爸爸有外遇而吵架、打架，每一次他们都会把我牵扯进去，妈妈会让我跟她一起去找外遇算账，让我起草离婚协议书，也会让我用我的口吻给爸爸写信挽留他。虽然我知道妈妈也有做得不对

的地方，但每次好像都是爸爸错得多一些，妈妈是受害者，所以这么多年，我一直坚定地站在妈妈这一边。如今我也有了自己的孩子，但对爸爸的厌恶和愤怒感有时候还是会不自觉地跳出来。

高中毕业考大学，我所有的志愿填的都是外地的大学，因为我太想远离这个没有温暖的家了。大学毕业回到老家，父母的冲突依然持续，冲突的模式依然没有改变。我讨厌这样的生活，从记事开始，没有一天不希望他们离婚，因为这样我的世界就安静了。我不想再掺和其中，火速找了一个比我大很多的男朋友，从家里搬了出去。我不爱他，但是这里的世界很安静。到谈婚论嫁的时候，当一切都准备好，我逃婚了，因为我知道没有爱的婚姻长不了。

这么多年我在父母的矛盾中挣扎、长大，接收了很多负面影响，比如我很长一段时间都很悲观，上学的时候经常失眠，经常想要离家出走。不过，我觉得我算是一个生命力很顽强的人，从上中学开始，因为家里的鸡飞狗跳，我更愿意跟同学和朋友在一起，可能也是从那个时候起，我慢慢开始转变。我觉得我很幸运，总能遇到乐观开朗的朋友，当然也有可能是缺什么补什么吧，潜意识里我会更愿意靠近那些乐观开朗的人，跟他们成为朋友。这些朋友当中，有的童年比我还要惨好多倍，他们依然可以笑对人生，为何我不能呢？他们的乐观在不知不觉中感染了我，同时我也在用心观察他们是怎么乐观地面对生活，学习他们从而变得更积极和乐观。现在我结婚了，也有了孩子，我深知父母之间的矛盾对孩子的伤害，所以我不想重蹈覆辙，我会尽量不在孩子面前跟老公争吵。即使有时候我对老公再生气，也会维护他在女儿心目中的形象。值得欣慰的是，我女儿很喜欢她爸爸，她的性格也很阳光开朗。

作者视角 >>>

　　琳琳是不幸的，离开家之前的十多年一直在父母的争吵中挣扎，但她也是幸运的，因为她有顽强的生命力，遇到了很多乐观开朗并把她带出家庭泥沼的朋友，遇到了虽然并不完美，却包容、大度，让她愿意试着相信男人并走进婚姻的丈夫。人生没有绝对，当上帝给你关上一扇门时，一定也会给你打开另一扇窗。我们如果始终相信风雨过后有彩虹，始终寻着阳光的方向，就能看到希望！

主要参考文献

[1] 池丽萍，辛自强. 儿童对婚姻冲突的感知量表修订 [J]. 中国心理卫生杂志，2003，17（8）：554-556.

[2] 邓林园，熊玥悦，杨梦茜，等. 父母冲突，父母控制对高中生网络成瘾的中介影响机制：一项追踪研究 [J]. 中国特殊教育，2020（8）：88-96.

[3] 邓林园，周佳莹，周楠，等. 父母冲突干预方案及对家庭和儿童青少年的影响 [J]. 北京师范大学学报（社会科学版），2019（6）：34-44.

[4] 邓林园，王凌霄，徐洁，等. 初中生感知的父母冲突、亲子冲突与其欺负行为之间的关系 [J]. 中国临床心理学杂志，2018，26（1）：118-122+128.

[5] 邓林园，刘丹，徐洁. 父母监控与青少年自我控制：父亲自我控制的调节作用分析 [J]. 中国特殊教育，2018（11）：83-91.

[6] 邓林园，许睿，方晓义. 父母冲突、亲子三角关系与青少年应对方式之间的关系 [J]. 北京师范大学学报：社会科学版，2017（1）：83-91.

[7] 邓林园，赵鑫钰，方晓义. 离婚对儿童青少年心理发展的影响：父母冲突的重要作用 [J]. 心理发展与教育，2016，31（2）：246-256.

[8] 张馨月，邓林园. 青少年感知的父母冲突、自我同一性对其网络成瘾的影响 [J]. 中国临床心理学杂志，2015，23（5）：906-910.

[9] 邓林园，许睿，方晓义. 父母冲突与大学生恋爱冲突及其解决的关系：大学生自我分化的中介作用 [J]. 中国特殊教育，2015（11）：89-96.

[10] 邓林园，刘丹，伍明明，等. 父母冲突与大学生宿舍冲突方式的关系：自我分化的中介作用 [J]. 心理与行为研究，2015，13（2）：145-152.

[11] 邓林园，许睿，方晓义. 父母冲突与大学生自我分化：冲突评价的中介作用 [J]. 北京师范大学学报（社会科学版），2015（4）：60-68.

[12] 邓林园，赵鑫钰. 初中生感知的父母冲突与亲子冲突的关系：冲突评价

的中介作用 [J]. 中国临床心理学杂志，2015，23（5）：782-785+790.

[13] 武永新，邓林园，张馨月，等 . 父母冲突、亲子沟通对青少年自我发展的影响研究 [J]. 中国临床心理学杂志，2014，22（6）：1091-1094.

[14] 邓林园，方晓义，阎静 . 父母关系、亲子关系与青少年网络成瘾的关系及其作用机制 [J]. 中国特殊教育，2013（9）：71-77.

[15] 邓林园，张锦涛，方晓义，等 . 父母冲突与青少年网络成瘾的关系：冲突评价和情绪管理的中介作用 [J]. 心理发展与教育，2012，28（5）：582-587.

[16] 李东阳，王争艳，朱雪娜，等 . 北京市城区儿童祖辈 - 父母共同养育社区干预研究 [J]. 中国儿童保健杂志，2016，24（6）：642-645.

[17] 李瑶 . 基于幼儿气质特点的"80 后"父母消极共同养育行为干预 [D]. 大连：辽宁师范大学，2014.

[18] 约翰·戈特曼，娜恩·西尔弗 . 幸福的婚姻 [M]. 浙江：浙江人民出版社，2014.

[19] Amato P R, Loomis L S, Booth A. Parental divorce, marital conflict, and offspring well-being during early adulthood[J]. Social Forces, 1995, 73 (3)：895-915.

[20] American Psychological Association. Guidelines for the practice of parenting coordination[J]. The American Psychologist, 2012, 67 (1)：63-71.

[21] Ahrons C R. The Good Divorce：Keeping your family together when your marriage comes apart[M]. New York：Harper, 1994.

[22] Arnett J J. Emerging adulthood：A theory of development from the late teens through the twenties[J]. American psychologist, 2000, 55 (5)：469-480.

[23] Beckmeyer J J, Coleman M, Ganong L H. Postdivorce coparenting typologies and children's Adjustment[J]. Family Relations, 2014, 63 (4)：526-537.

[24] Buehler C, Welsh D P. A process model of adolescents' triangulation into

parents' marital conflict: the role of emotional reactivity[J]. Journal of family psychology, 2009, 23 (2): 167.

[25] Buehler C, Lange G, Franck K L. Adolescents' cognitive and emotional responses to marital hostility[J]. Child development, 2007, 78 (3): 775-789.

[26] Buehler C, Anthony C, Krishnakumar A, et al. Interparental Conflict and Youth Problem Behaviors: A Meta-Analysis[J]. Journal of Child and Family Studies, 1997, 6 (2): 233-247.

[27] Bowen M. Family therapy in clinical practice. New York: Jason Aronson[M]. 1978.

[28] Bronfenbrenner U. Ecological models of human development[J]. Readings on the development of children, 1994, 2 (1): 37-43.

[29] Cookston J, Braver S, Griffin W, et al. Effects of the dads for life intervention on interparental conflict and coparenting in the two years after divorce[J]. Family Process, 2007, 46 (1): 123-137.

[30] Cowan P A, Cowan C P. Controversies in couple relationship education (CRE) Overlooked evidence and implications for research and policy[J]. Psychology Public Policy & Law, 2014, 20 (4): 361-383.

[31] Cummings E M, Davies P T. Marital conflict and children: An emotional security perspective[M]. Guilford Press, 2010.

[32] Cummings E M, Schermerhorn A C, Davies P T, et al. Interparental discord and child adjustment: Prospective investigations of emotional security as an explanatory mechanism[J]. Child development, 2006, 77 (1): 132-152.

[33] El - Sheikh M, Harger J A, Whitson S M. Exposure to interparental conflict and children's adjustment and physical health: The moderating role of vagal tone[J]. Child development, 2001, 72 (6): 1617-1636.

[34] Faircloth W B, Schermerhorn A C, Mitchell P M, et al. Testing the long-

term efficacy of a prevention program for improving marital conflict in community families[J]. Journal of Applied Developmental Psychology, 2011, 32 (4) : 189-197.

[35] Feinberg M E, Kan M L, Goslin M C. Enhancing coparenting, parenting, and child self-regulation: Effects of family foundations 1 year after birth[J]. Prevention Science, 2009, 10 (3) : 276-285.

[36] Graham A M, Fisher P A, Pfeifer J H. What sleeping babies hear: A functional MRI study of interparental conflict and infants' emotion processing[J]. Psychological science, 2013, 24 (5) : 782-789.

[37] Grych J H, Fincham F D. Children's appraisals of marital conflict: Initial investigations of the cognitive - contextual framework[J]. Child development, 1993, 64 (1) : 215-230.

[38] Grych J H, Seid M, Fincham F D. Assessing marital conflict from the child's perspective: The Children's Perception of Interparental Conflict Scale[J]. Child development, 1992, 63 (3) : 558-572.

[39] Herman P M, Mahrer N E, Wolchik S A, et al. Cost-Benefit Analysis of a Preventive Intervention for Divorced Families: Reduction in Mental Health and Justice System Service Use Costs 15 Years Later[J]. Prevention Science, 2015, 16 (4) : 586-596.

[40] Kramer K M, Arbuthnot J, Gordon D A, et al. Effects of skill - based versus information - based divorce education programs on domestic violence and parental communication[J]. Family court review, 1998, 36 (1) : 9-31.

[41] Long N, Slater E, Forehand R, et al. Continued high or reduced interparental conflict following divorce, Relation to young adolescent adjustment[J]. Journal of Consulting and Clinical Psychology, 1988, 56 (3): 467-469.

[42] McCoy K, Cummings E M, Davies P T. Constructive and destructive marital conflict, emotional security and children' s prosocial behavior[J].

Journal of Child Psychology and Psychiatry, 2009, 50 (3): 270-279.

[43] Miller-Graff L E, Cummings E M, Bergman K N. Effects of a brief psychoeducational intervention for family conflict: Constructive conflict, emotional insecurity and child adjustment[J]. Journal of abnormal child psychology, 2016, 44 (7): 1399-1410.

[44] Owen J, Rhoades G K. Reducing Interparental Conflict Among Parents in Contentious Child Custody Disputes: An Initial Investigation of the Working Together Program[J]. Journal of Marital and Family Therapy, 2012, 38 (3): 542-555.

[45] Skowron E A, Stanley K L, Shapiro M D. A longitudinal perspective on differentiation of self, interpersonal and psychological well-being in young adulthood[J]. Contemporary Family Therapy, 2009, 31 (1): 3-18.

[46] Stith S M, Rosen K H, Middleton K A, et al. The intergenerational transmission of spouse abuse: A meta-analysis[J]. Journal of Marriage and the Family, 2000, 62 (3): 640-654.

[47] Wang M, Liu S, Belsky J. Triangulation processes experienced by children in contemporary China[J]. International Journal of Behavioral Development, 2017, 41 (6): 688-695.

[48] Wolchik S A, Sandler I N, Jenn-Yun T, et al. Fifteen-year follow-up of a randomized trial of a preventive intervention for divorced families: Effects on mental health and substance use outcomes in young adulthood[J]. Journal of Consulting and Clinical Psychology, 2013, 81 (4): 660-673.

[49] Zemp M, Bodenmann G, Cummings E M. The significance of interparental conflict for children: Rationale for couple-focused programs in family therapy[J]. European Psychologist, 2016, 21 (2): 99-108.

[50] Zhou N, Buehler C. Adolescents' responses to marital conflict: The role of cooperative marital conflict[J]. Journal of Family Psychology, 2017, 31 (7): 910.

扫描下方二维码，获取更多参考文献

附录 1

父母冲突的研究方法

关于父母冲突对儿童青少年的影响，已有研究主要采用以下四种研究手段：问卷调查法、访谈法、实验室观察法和生理心理测量技术。

1. 问卷调查法

问卷调查法是以书面提出问题的方式搜集资料的一种研究方法（裴娣娜，1995）。在对父母冲突进行问卷测查时，通常采用父母自我报告和儿童报告两种方式。早期研究中，多采用父母自我报告的方式对父母冲突进行评估（Gottman，1979；Straus，1996），但随着父母冲突对儿童青少年发展影响研究的深入，研究者们发现，相比于事实上的父母冲突，儿童青少年感知到的父母冲突水平对其心理与行为发展的影响更有预测力，从儿童的视角来考查父母冲突对儿童发展的影响也更合理、更准确（Ablow, Measelle, Cowan, & Cowan, 2009；池丽萍，辛自强，2003；Cummings, Davies, & Simpson, 1994；Fincham, 1998）。因此，研究者们逐渐采用儿童青少年报告感知的父母冲突为主（Kim, Jackson, Hunter, & Conrad, 2009；Kinsfogel & Grych, 2004；杨阿丽，方晓义，涂翠平，李红菊，2007）或父母报告与儿童青少年报告相结合的方式测量父母冲突（Buehler & Welsh, 2009）。

常用于测量父母冲突的问卷主要有两类，一类是父母报告的婚姻冲突问卷，包括奥利里·波特（O'Leary-Porter）量表、父母问题量表、互动适应量表、父母冲突多维量表；另一类是儿童青少年报告的感知到的父母冲突问卷，主要有儿童对父母冲突的感知量表、初中生对婚姻冲突知觉量表、冲突与问题解决量表、儿童感知的父母冲突量表。

邓林园（2013）选取北京、重庆和石家庄三所初中学校的1038名初一至初三学生为被试，采用问卷调查的方式，探讨家庭环境中的父母关系（父母冲突和父母婚姻满意度）、亲子关系（母子依恋和父子依恋）与青少年网络成瘾的关系，以及父母关系是否会通过亲子关系影响青少年的网络成瘾。该研究采用池丽萍和辛自强（2003）修订的《儿童感知的父母冲突量表》（Children's Perception of Interparental Conflict Scale）中的《冲突特征分量表》进行施测。该分量表共19题，由冲突频率、冲突强度和冲突解决三个维度构成，为4点评分，从"完全不符合（1）"到"完全符合（4）"，各维度分由各维度的题目得分相加而得，分数越高代表感知到的父母冲突越强烈。该研究对家庭环境中不同性质和不同水平的因素对青少年网络成瘾的影响作用进行了探讨，结果发现，父母婚姻满意度、父母冲突、亲子依恋等均与青少年网络成瘾存在关系，父母关系对青少年网络成瘾的影响更多是通过亲子关系产生间接影响，尤其是父母冲突的作用。这一结果在很大程度上支持了"人—情境交互作用理论"和"外溢假说"。

问卷调查法的优势在于，可以快速、高效地获取数据，但需要注意的是，该方法虽然可以在短时间收集大量的数据，却限制了研究问题探讨的深度。

2. 访谈法

访谈法是研究者根据提纲与被试进行面对面交谈，通过被试的回答来收集事实材料的一种研究方法。研究者（Deboard-Lucas & Grych，2011）曾对34位7～12岁儿童进行半结构化访谈，以探讨儿童在经历父母暴力冲突时的想法和感受。结果发现，当父母间发生暴力冲突时，儿童的悲伤和愤怒多于焦虑，并多次尝试终止或回避父母暴力冲突；当被问及"为什么会出现家庭暴力冲突"时，大部分儿童认为是暴力发起方缺乏控制愤怒的能力，或是某些个人特征的原因，但仍有 1/3 的儿童认为是被暴力方先挑起的事端。这些发现支持了这样的观点：当父母发生暴力冲突时，儿童会积极地尝试理解其中的原因以及可能产生的结果。

赵梅（2005）以已婚成人和中学生、大学生为研究对象，访谈了 26 人，研究工具包括访谈同意函、访谈指南、访谈札记以及对录音材料的逐字稿，以扎根理论为依据考查婚姻冲突的原因、表现、对孩子的影响、冲突的解决以及孩子对父母冲突的看法等，以期探明婚姻冲突的根源、本土文化习俗所起的作用以及对子女造成的即时与长期的影响。质的研究形成十大概念类别，在此基础上研究者根据十大类别的关系归纳出五项核心类别：婚姻冲突的原因、程度、解决、孩子的三角处境、生活适应。该研究通过访谈法补充量化研究中没有涉及的内容，如果研究的量化研究部分受限于现实条件无法进行跟踪，则使用访谈法了解婚姻冲突即时和长期的影响，研究结论对量化研究起到了补充和印证的作用。

相比于问卷测查法的测查范围广、省时、省力等特点，访谈法的优势在于，更能深入探寻父母冲突的根源、儿童青少年对父母冲突背后的具体感受和想法，以及这些感受和想法对儿童发展的影响。

3. 实验室观察法

实验室观察法是指在实验室情境下，研究者指导被试完成一定的游戏任务或话题讨论，与此同时，对被试的情绪、语言、行为进行观察记录的一种研究方法。采用实验室观察法的父母冲突研究主要分为两种：一是以父母为观察对象，研究父母发生冲突时双方的情绪表现、冲突策略选取以及问题解决程度（Schudlich et al., 2004；Loving et al., 2004）；二是以儿童为观察对象，如有长达三年的研究，通过每次 2~3 小时的观察来获取儿童的行为反应数据，以探究父母冲突与儿童注意力及行为问题之间的纵向关系（Buysse et al., 2000；Heyman et al., 2001）。

Frosch、Mangelsdorf 和 Mchale（2000）对父母婚姻行为与儿童安全感的关系进行了研究，采用行为观察法测量父母的婚姻行为，要求父母和孩子进行半结构化情境家庭互动录像观察，在录像过程中，父母与孩子需要完成一个夫妻讨论任务和家庭游戏任务，研究者根据观察录像进行编码。在婴儿6个月时，讨论的问题是育儿责任的分配，在讨论互动之前，父母独立完成有关家庭育儿责任分配的问卷。在讨论过程中，由父母双方共同完成这个问卷。编码的12个维度是投入、享受、积极/消极情感（妻子/丈夫）、愤怒、敏感性、合作、冲突解决、平衡和总体的互动质量。在家庭游戏任务中，父母与孩子在一个色彩缤纷的丛林健身房进行游戏。对婚姻行为的评估从以下10个维度进行评分：投入、享受、积极/消极情感（妻子/丈夫）、愤怒、合作与竞争、平衡和总体的互动质量。对评估婚姻行为的量表分别进行了探索性主成分分析，父母的婚姻行为评估分为四个部分，分别是父母讨论期间的冲突（marital conflict）和积极参与（positive engagement）、家庭游戏期间父母敌意（interparental hostility）与和谐相处（marital harmony）。在孩子3岁时，要求父母先独自完成家务分配的问卷，然后共同讨论。在家庭游戏任务中，要求父母与孩子一起进行拼图，编码维度同6个月时一样。研究结果表明，在婴儿6个月至3岁这一时间段，父母的婚姻行为是中度稳定的，而在婴儿6个月时的夫妻讨论中表现出更多冲突的夫妻在3年后依然表现出较多的冲突。当父母在孩子6个月时的家庭游戏中表现出更大敌意时，他们的孩子在3岁的时候会与母亲建立不安全的依恋关系。

Mccoy、Cummings 和 Davies（2009）为了研究破坏性和建设性父母冲突对5~7岁的子女情绪安全感、亲社会行为的影响，在父母完成有关人口信息、家庭功能等其他一系列问卷后，要求父母在实验室进行两次婚姻互动观察录像。父母选择两个难以处理的话题，就像他们平时在家和工作中讨论问题一样，每个话题讨论10分钟。观察者以30秒为一个单位进行编码，评分从0（未发生）到2（强烈发生）。编码维度为支持、问题解决、口头情感、身体情感、口头攻击、非言语愤怒和回避。结果显示，破坏性父母冲突显著负向预测子女的情绪安全感，正向预测子女的亲社会行为，且情绪不安全感在两者之间起中介作用。

实验室观察法有其优点，它可以提供儿童日常生活中的父母互动情况，是在真实情境下的观察，可以收集到行为发生、发展过程的资料，并且该方法对于被试年龄的适用范围更广。它是对问卷调查法和访谈法的补充，是对某些未能直接获悉的关键问题的补充说明和深入探究，能捕捉到一些生动的外化表现和可能的心理特征。同时，也弥补了一些被试无法进行问卷作答的遗憾，特别是婴幼儿童，因为情境真实所以更便于组织实施，既能获得其对父母冲突的直观外化真实资料，又能挖掘其内在的心理变化状态等，为研究目的服务。

但实验室观察法也有其局限性，首先，它展现的情境真实性远不如自然观察法，很难预测被试在实验中的表演成分，父母冲突表现的真实情况存疑。其次，实验室观察报告给我们的只是现象和结果，即说明"有什么"和"是什么"的问题，不能回答"为什么"之类的因果问题。也就是说，通过实验观察我们可以获悉父母冲突情况与儿童心理、行为等方面的相关关系，但不能探究其中的因果关联。此外，由于研究者知识、经验、情感等方面的背景不同，他们的观察记录易受主观因素的影响，这是需要认真预防与克服的。最后，由于观察研究的取样范围及容量较小，其代表性不够广泛。而观察时间和情景处在不断变化之中，也会影响观察素材的代表性。

4. 生理心理测量技术

生理心理测量技术是指在不损害有机体完整性的情况下，运用非侵入性测量方法（如表面电极），测量和观察与行为（动作技能、问题解决、睡眠、情绪等）有关的生理变化的过程。相对于问卷、访谈和实验室观察法，生理心理测量技术是更为客观的研究手段。生理指标测查手段的优势在于，它能更客观地评估儿童的情绪和心理状态，更真实准确地反映父母冲突对儿童的影响程度，尤其是生理影响，进而是心理影响。研究者常使用现代仪器来测量青少年的生化指标，如儿童的皮质醇水平；生物反馈指标，如呼吸、睡眠、皮肤电等；大脑结构或功能变化，采用事件相关电位（以下简称 ERP）或功能性磁共振成像（以下简称 fMRI）等技术。

目前，已经有不少研究者将生理心理测量技术运用于探讨父母冲突如何影响儿童青少年心理行为发展的生理机制上。例如，El-Sheikh 和 Harger（2001）使用生理多导仪测量了儿童在现场观看 1 分钟争论（争论的焦点是家庭问题、探亲、参加休闲活动）时的呼吸和心率，并通过软件复合两数据，结果发现，高静息呼吸窦性心律失常（Respiratory sinus arrhythmia，RSA）可以缓冲高频率婚姻冲突对儿童内化以及外化问题的影响。Lee 等（2010）通过皮肤电传导和心率传感器测量儿童青少年经历父母冲突讨论时的生理唤醒水平，结果发现，所有孩子在父母冲突期间都表现出唤醒的现象，每个孩子的唤醒时间长短各不相同，这表明没有一名儿童青少年在情感上不受父母冲突的影响。还有研究者通过睡眠监测仪进行为期两年的追踪研究，发现了父母冲突与儿童的睡眠时间和质量之间的纵向关系（El-Sheikh，2015）。

Schermerhorn（2015）对 23 名 9~11 岁的儿童及他们的母亲进行 ERP 研究，以此测试母亲报告的婚姻冲突是否能够预测儿童在观看婚姻冲突照片时产生的电位数据。这些儿童观察由演员扮演的一组夫妻照片，照片分别呈现了人际关系中的愤怒、幸福和中立的情绪。结果表明，高冲突家庭的孩子对人际情感线索更敏感，尤其是对愤怒线索，这些儿童可能在某些方面具有适应性，能够熟练区分情绪线索和其他线索。还有研究者对婴儿的 fMRI 研究也得到类似的结果，父母冲突越多，婴儿对愤怒线索越敏感，并且在负面情绪加工和压力相关的脑区有更强的激活（Graham，Pfeifer，Fisher，Carpenter，& Fair，2015）。

附录 2

术语表

严重影响说　Serious Influence Theory

压力理论　Pressure Theory（The Stress Process）

结构功能论　Structural Functionalism Theory

有限影响说　Limited Influence Theory

危机－弹性模型　Risk and Resiliency Perspective

压力释放假说　Pressure Release Hypothesis

良性离婚假说　Good Divorce Hypothesis

家庭系统理论　Family System Theory

亲社会行为　Prosocial Behavior

情绪安全感　Emotional security

元分析　Meta-analysis

社会学习理论　Social Learning Theory

自我分化　Differentiation of Self

代际传递　Intergenerational Transmission

三角关系（三角化）Triangular Relationship

亲职化　Parenting

替罪羊　Scapegoat

跨代联盟　Intergenerational Alliance

生态系统理论　Ecological System Theory

认知情境模型　Cognitive Context Model

情绪安全感假说　Emotional Security Hypothesis

心理控制　Psychological Control

外溢假说　Spillover Hypothesis

攻击性行为　Aggressive Behavior

攻击信念　Attack Belief

亲密伴侣暴力　Intimate Partner Violence

家庭治疗理论　Family Therapy Theory

情绪唤醒　Emotional Arousal

负性情绪　Negative Emotion

亲子依恋　Parent-Child Attachment

情绪失调　Emotional Disorder

冲突评价　Conflict Appraisement

情绪管理　Emotion Management

自我同一性　Self-Identity

心理断乳　Psychological Weaning

自我同一性延缓　Self-Identity Delay

支持性迂回　Detouring-supportive

攻击性迂回　Detouring-attacking

知觉父母冲突　Perception of Parental Conflict

依恋焦虑　Attachment Anxiety

依恋回避　Attachment Avoidance

婚姻忠诚　Marriage Loyalty

婚姻价值　Marriage Value

婚姻自主　Marriage Autonomy

性爱抉择　Sex Choice

冲突解决方式　Conflict Resolution Method

自我归因　Self-Attribution

亲密恐惧　Fear of Intimacy

夫妻冲突管理　Management of Marital Conflict

夫妻共同养育　Co-parenting

隔代抚养　Grandparenting